Wisdom and Love of St. Thomas
성 토마스의 지혜와 사랑

성 토마스의
지혜와 사랑

에티엔 질송 지음
이재룡 엮음

한국성토마스연구소

Etienne Gilson, *Wisdom and Love in St. Thomas Aquinas*
Copyright©1951 Marquette University Press ISBN 9780874621167

Etienne Gilson, *History of Philosophy and Philosophical Education*
Copyright©1948 Marquette University Press ISBN 9780874621129

John F. McCormick, SJ, St. *Thomas and the Life of Learning*
Copyright©1937 Marquette University Press ISBN 9780874621013
by Marquette University Press

Korean Copyright ⓒThe St. Thomas Institute in Korea
이 책의 한국어판 저작권은 '알맹2' 에이전시를 통한
Marquette University Press와의 독점계약으로 ⓒ'한국성토마스연구소'에 있습니다.
저작권법의 보호를 받는 저작물이므로 무단전재와 무단복제를 금합니다.

Wisdom and Love of St. Thomas
성 토마스의 지혜와 사랑

교회인가 2022년 10월 14일 원주교구
제1판 제1쇄 펴낸날 2022년 10월 28일

지은이 • 에티엔 질송
엮은이 • 이재룡
펴낸이 • 이재룡
펴낸곳 • 한국성토마스연구소

주소 • 25244 강원도 횡성군 우천면 경강로 산전7길 28-53
전화 • 82-33-344-1238
전자우편 • stik2019@naver.com
홈페이지 • http://www.stik.or.kr
인쇄제작 • 빅벨출판사
등록번호 • 134-96-14867

ISBN 979-11-978446-5-2 03100

값 17,000원

목 차

엮은이 머리말 / 5
출전 / 10
소개의 글 / 11

제1강 성 토마스 아퀴나스의 지혜와 사랑 (1951년) / 17
    1.1. 지혜 사랑으로서의 진리 추구 / 20
    1.2. 지성적 덕과 의지의 역할 / 23
    1.3. 성 토마스의 모범 / 39

제2강 철학사와 철학 교육 (1948년) / 51
    2.1. 철학교육과 철학함의 차이 / 55
    2.2. 스승과 제자 사이 / 61
    2.3. 철학 교육에서 철학사의 가치 / 66
    2.4. 성 토마스의 가르침의 요체 / 70
    2.5. 참다운 스승 / 75

제3강 토마스 아퀴나스와 우리의 동료교수들 (1953년) / 81
    3.1. 일반 교육에서의 철학의 위치 / 84
    3.2. 현대적 해결의 시도 / 94
    3.3. 성 토마스의 모범 / 98
    3.4. 추가적 마무리 / 104

[부록]
부록1: 『성 토마스와 배움의 삶』(존 맥코믹, SJ, 1937년) / 113
부록2: 『연구 방법에 대한 권고서한』(성 토마스) / 131
부록3: 「에티엔 질송의 그리스도교 철학 개념」(이재룡) / 135

참고문헌 / 177
색인 / 183

| 엮은이 머리말 |

　예수회에서 운영하는 미국 밀워키 주의 마케트대학교(Marquette University)의 아리스토텔레스학회(The Aristotelian Society)에서는 매 년 성 토마스 아퀴나스의 이름으로 강연을 하도록 학자 1명을 초청해 왔다. 통상적으로는 이 학회의 수호성인의 축일인 3월 7일[1]에 가까운 일요일에 개최되는 이 강연들은《아퀴나스 강연》(The Aquinas Lecture)이라고 불린다.

　이미 권위있는 두툼한 연구서들과 연구논문들을 발표함으로써 프랑스 국내에서는 물론 세계적으로도 중세 철학과 성 토마스 연구의 권위자로 명성을 얻었을 뿐만 아니라, 파리와 북미주를 오가며 대학강의와 학회 강연들을 통해 그 통찰들을 널리 전파함으로써 학계의 주목을 받고 있던 에티엔 질송(Etienne Gilson, 1884-1978)은 제2차 세계대전이 막 끝나고 전세계가 재건에 매진하던 때를 즈음해서 아리스토텔레스학회로부터 1948년과 1951년 두 차례의 초청을 받아 동료 학자들과 철학도 및 신학도들 앞에서 강연을 하였다.

　이 가운데 1951년도《아퀴나스강연-16》의 주제인『성 토마스 아퀴나스의 지혜와 사랑』(*Wisdom and Love of St. Thomas Aquinas* – 본서 제1강)에서는 그 이름이 알려주듯이 지혜 사랑을 추구하

---

1. 이 학회의 수호성인인 토마스 아퀴나스의 축일은 처음에는 일반적인 관례에 따라 그 선종일인 3월 7일로 정해져 기념되어 왔으나, 자주 사순시기와 겹치게 되어 그 축일의 정신이 2선으로 밀리는 경향이 있어 끊임없이 변경할 필요가 제기되어 왔었는데, 마침 제2차 바티칸 공의회 정신에 따라 전례력 전반에 대해 대대적인 현대적 개정 작업을 하는 기회에 1월 28일로 변경되었다. 이날은 성인의 유해(遺骸)를, 선종한 장소인 이탈리아의 포싸노바(Fossanova)로부터 도미니코 수도회 본부가 자리잡고 있는 프랑스의 툴루즈(Toulouse)로 성대하게 옮겨 모신 날이다.

는 '철학'(哲學, philosophia)이란 결국 무엇이고 어떤 마음가짐으로 이 길에 접근해야 하는지를 밝히고 있다. 어떤 역사가는 20세기 중반에 "현대 프랑스의 중세 연구는 에티엔 질송의 작업에 의해 지배되고 있다."(A. De Libera)고 평한 적이 있다. 질송은 분명 중세 철학자들에 대한 가장 광범위하고 값진 유산을 남긴 철학사가이지만, 오늘날까지도 철학사가들이 일치된 판단을 내리지 못하는 상당수의 문제들을 촉발한 장본인이기도 하다. 역사가이면서 동시에 철학자인 그의 형이상학과 인식론 관련 저작들을 살펴보게 되면 언제나 '지혜'와 '사랑' 사이의 관계를 강조하는 평가가 근저에 깔려 있음을 발견하게 된다.

질송은 인식을 향한 인간의 자연적 경향을 인정하는 것 외에도 사랑 안에서 앎에 대한 갈망을 키워가는 깊고 내밀한 동인을 본다. 질송은 본질적으로, 사랑하기 때문에 인식하고, 또한 알기를 사랑한다는 통합적인 인간학을 작업해낸다. 사랑과 인식은, 질송이 성 토마스의 노선 위에서 최종적이고 초시간적 지평에서만 완벽하게 실현될 수 있다고 단언하는, 지혜를 향한 상승과정에 있는 불가분의 두 계기들이다.

'철학'이라고 번역되는 서양의 본래적 단어(philosophia)를 구성하고 있는 핵심 내용, 곧 '지혜 사랑'(sophia + philein)을 차례로 살펴보는 지혜와 사랑 및 그 유대를 강조하는 강연(들)을 재독하는 가운데 아리스토텔레스 전통에 대한 성 토마스의 이론적 성찰이 지니고 있는 독창성도 함께 규명된다.

우리 편역서 전체의 제목과 거의 흡사한 제목을 달고 있는 이 1951년도 《아퀴나스강연-16》의 저작권을 취득한 것은 이미 2021년도인데, 진작 초역은 해놓았지만, 막상 출간하려니 단행본으로 출간하기에는 분량이 너무 적고 또 소제목 구분조차 되어 있지 않은 통짜 강연이어서 난감했다. 그래서 비슷한 시기에 행해진 유사하거나 연관된 서너 편의 강연들을 하나로 묶어서 단행본으로 출간할 수 있다면 서로 보완이 될 수 있어서 훨씬 더 풍요로운 메시지를 전할 수 있겠다는 생각이 들었다. 하지만 이미 1951년도 강연의 저작권 계약을 체결해 놓은 상태라, 나머지 강연들의 저작권도 모두 따로따로 해결하자니 절차와 비용이 지나치게 많이 들어갈 것 같아, 머뭇거리는 사이에 거의 1년이 다 지나갔다. 더 이상 미룰 수 없다고 생각하고 처음 저작권 계약을 도와준 '알맹2' 에이전시에 이런 사정을 편지로 알리면서 지금과 같은 구성으로 엮었으면 좋겠는데, 출판사에 두 가지, 곧 첫째, 지금과 같은 구성의 편역서 출간을 허락해줄 수 있겠는지, 그리고 둘째, 우리나라의 독자층이 너무 얇아 겨우 300부 팔리는 것도 보장받지 못할 사정이니, 추가하고자 하는 강연들에 대해서는 가능하다면 '무료로'(gratis) 허락해 줄 수 있겠는지를 문의해 달라고 요청했다. 에이전시 사장님으로부터 그 내용을 담아 마케트대학 당국에 요청했다는 고마운 말을 들은지 불과 며칠만에, 마케트대학으로부터 계약승인서에 서명해달라는 확인서가 날라왔다. '무료로' 그 제안을 허락한다는 내용이었다. 기대하지도 않았던 부탁에 에이전시는 물론 밀워키의 대학 당국의 신속한 결단과 인간애에 입각한 호의와 우정어린 격려에 가슴이 먹먹해졌다. 바로 서명을 했고, 그것으로 계약은 이루어졌다. 따뜻한 인정(人情)과 성실한 노력에 대한 진실된 격려가 느껴지는, 상상도 못한 큰 선물을 받았다! 대단히 놀랍고 고맙다. 이런 결정을 내려준 마케트대학출판사 당국자들에게 마음에서부터 우러나오는 경의(敬意)를 표하고 싶다. 물론 나를 대신해서 시간과 노력을 쏟아 부으며 마치 자기 일처럼 정성과 열정을 다해 적극적으로 대학출판사 측과 소통한 '알맹2' 에이전시의 공이 크다. 마케트대학으로 향하는 마음 못지않은 존경과 감사의 뜻을 전하고 싶다.

이렇게 해서 이 편역서에는 1951년도 강연 외에, 1948년도 《아퀴나스강연-14》인 『철학사와 철학 교육』(History of Philosophy and Philosophical Education – 본서 제2강)도 포함되었는데, 이 강연은 철학도들이 늘 접하면서도 제대로 그 관계를 정립하지 못하고 있는 철학사와 철학 사이의 관계와, 철학을 배우고 가르치는 데 철학의 역사가 얼마나 유용하며 필수적인지에 대해서, 본인 자신이 철학사가이면서 동시에 철학자로서 평생에 걸쳐 작업해 온 스승으로서 동료학자들과 철학 탐구를 시작하는 초심자들에게 자신의 원숙한 통찰들을 전해주고 있다.

그리고 철학에 입문하는 젊은이들에게, 어떻게 하면 철학을 제대로 이해하고 그 길을 잘 따라갈 수 있도록 안내할 수 있을지를 진지하게 모색하는 철학 교수님들의 고민을 논하고 있는 1953년도에 《프린스턴대학 아퀴나스기금 강연》(The Princeton University Aquins Foundation Lecture)으로 행한 『성 토마스 아퀴나스와 우리의 동료 교수들』(Thomas Aquinas and Our Collegues – 본서 제3강)도 실려 있다. 이 강연은 엮은이가 오래 전에 강의록에 포함시켜 여러 해 동안 신학도들에게 읽혔던 글이다.

그리고 비록 질송 자신의 강연은 아니지만 여기 제시되는 주제와 긴밀히 연계되어 서로 보완해줄 수 있다고 판단되는 또 한 편을 "부록"으로 싣는 것이 좋겠다고 판단하였다. 바로 1937년도에 아리스토텔레스학회가 《아퀴나스강연》을 처음 시작하며 오늘날까지 계속 이어지는 긴 여정의 첫걸음을 내딛은, 예수회 소속으로 '아리스토텔레스학회'를 창립한 존 맥코믹 신부(John F. McCormick, SJ, 1874-1945)의 63세 때의 개막강연인 『성 토마스와 배움의 삶』(St. Thomas and the Life of Learning – 본서 "부록 1")이다.

이렇게 해서 세계적인 명성을 누리는 한 철학자가 60대 후반의 원숙한 나이에 가슴 깊은 곳에서부터 들려주는, 지혜 사랑과 진리 추구의 길에 관한 세 편의 강연과, 그와 비슷한 주제를 특히 배우는 학생들의 입장에서부터 접근하고 있는 다른 스콜라 학자의 한 편의 강연을 듣게 되었다.

그리고 이 기회에 성 토마스가 신학에 입문하는 후배 수련생의 요청에 응답해서 작성한 짧은 「연구 방법에 관한 권고서한」의 전문도 "부록2"로 실었고, 마지막으로는 질송의 사상 전체를 관통하고 있는 '그리스도교 철학'과 관련해서 엮은이가 여러 해 전에 학술지에 발표했던 졸문도 옮겨 실었다("부록3": 「에티엔 질송의 그리스도교 철학 개념」)

어수선하던 초고를 읽고 여러 단순한 오식들과 애매한 표현들을 날카롭게 지적하고 다듬어 훨씬 더 매끄럽게 만들어 준 제자 손윤정 마리아 자매에게 감사의 뜻을 전하고 싶다.

오늘날 성 토마스가 앞서 걸어간 지혜와 사랑의 가르침을 직접 배우며 따라 걷고 있는 토미스트들과, 관심있는 철학계 및 신학계의 우리 동료 학자들은 물론, 철학과 신학을 어떻게 접근하면 좋을지 몰라 고민하는 젊은 인문학도들이 이 저명한 중세사가이자 열정적인 토미스트의 강연들을 읽고 조금이라도 도움을 받는다면, 엮은이의 수고는 이미 보상을 받은 셈이 될 것이다.

2022년 10월 1일 아기 예수의 성녀 데레사 축일에
횡성 정금산 자락 연구소에서, 엮은이

| 출전 |

1. *Wisdom and Love in Saint Thomas Aquinas* (The Aquinas Lecture-16), Milwaukee, Marquette University Press, 1951.
2. *History of Philosophy and Philosophical Education* (The Aquinas Lecture-12), Milwaukee, Marquette University Press, 1948.
3. *Thomas Aquinas and Our Colleagues*, Princeton, The Aquinas Foundation, 1953.
4. (부록1) John McCormick, SJ, *St. Thomas and the Life of Learning* (The Aquinas Lecture-1), Milwaukee, Marquette University Press, 1937.
5. (부록2) Thomas Aquinas, *Epistola exhortatoria de modo studendi*, in *Opuscula theologica*, ed. Raymundus A. Verardo, OP, Taurini-Romae, Marietti, 1954, vol.I, p.451.
6. (부록3) 이재룡, 「E. 질송의 그리스도교 철학 개념」, 『사목연구』 제11집(2003), 162-196쪽.

| 소개의 글[1] |

　마케트대학교(Marquette University)의 아리스토텔레스학회 (The Aristotelian Society)는 매 년 성 토마스 아퀴나스의 이름으로 강연을 하도록 학자 1명을 초청해 왔다. 통상적으로는 이 학회의 수호성인의 축일인 3월 7일에 가까운 일요일에 개최되는 이 강연들은 《아퀴나스 강연》(The Aquinas Lecture)이라고 불린다.
　1951년에 학회는 3월 18일에 개최된 프랑스 학술원(Academie Francaise)의 에티엔 질송의 강연을 경청하는 기쁨을 누렸다.
　에티엔 질송은 1884년 6월 13일 파리에서 태어났다. 그는 1907년 교수자격(Agrege)을 취득하였고, 1913년에 문학박사 (Docteur-es-Lettres)가 되었다. 그는 소르본(Sorbonne)에서 역사적 방법을 가르치던 뤼시앵 레비-브륄(Lucien Levy-Bruhl)의 제자가 되었는데, 교수는 그에게 데카르트가 스콜라학으로부터 차용하는 것들에 관해 연구할 것을 제언하였다. 이 연구는 그를 성 토마스 아퀴나스와 중세로 인도하였고, 그의 학문 역정의 주된 관심사가 되었다. 그는 또한 콜레주 드 프랑스 대학교에서 앙리 베르그송(Henri Bergson)의 제자가 되었다. 그는 자신이 만난 "유일한 철학 스승"이라고 부르는 이 스승에 대해 이렇게 기억하고 있다: "그의 강의들은 나의 기억 속에 그토록 많은 시간의 지성적 변용인 채로 남아 있다."
　1913년에 그는 릴대학교에서 가르쳤다. 제1차 세계대전 기간 동안 그는 프랑스군 포병 대위였는데, 베르됭 전투에서 포로가 되어 독일군 전쟁포로수용소에서 집필과 연구의 시간을 보냈

---

1. 1951년도에 출간된 강연 앞머리에 달려 있는 '소개의 글'을 그대로 옮겼다.

다. 전쟁이 끝난 뒤인 1919년에 그는 스트라스부르대학교에서 교편을 잡았다가, 1921년에 소르본으로 돌아오는데, 이번에는 가르치는 교수로서였고, 1932년 콜레주 드 프랑스 교수로 선임되기까지 거기에 머물렀다. 그는 은퇴하는 1950년까지 콜레주 드 프랑스에서 중세철학 교수로 있었다. 1929년에 그는 또한 캐나다 토론토에 새로 설립된(그리고 1939년에는 교황 비오 12세에 의해 교황청립 연구소로 격상되는) 중세사상연구소(Institute of Medieval Studies)의 중세철학사 연구주임이자 교수로 임명되었다. 그는 지금까지도 그 지위를 유지하고 있다.

질송 교수는 여러 유명한 강연회를 가졌다. 1930-31년에는 스코틀랜드의 에버딘대학교에서 《기포드 강연》(Gifford Lectures)을 가졌고, 1936-37년에는 하버드대학교에서 《윌리엄 제임스 강연》, 1937년에는 버지니아대학교에서 《리처드 강연》, 1940년에는 인디애나대학교에서 《말론 파월 강연》을 하였다.

그는 《중세 사상-문학사 서고》(*Archives d'Histoire Doctrinale et Litteraire du Moyen-age*)의 공동 창립자이자 운영책임자로서 1925년까지 16권을 출간하였고, 1921년부터 《중세철학연구》(*Etudes de Philosophie Medievale*) 35권과, 1934년부터 《신학 및 영성사 연구》(*Etudes de Theologie et d'Histoire de la Spiritualite*) 9권을 발간하였으며, 1939년부터는 (교황청립중세사상연구소의 동료들과 함께) 《중세연구》(*Medieval Studies*)지를 창간하고 9권을 발간하였다.

질송 교수는 프랑스학술원, 네덜란드왕립학술원, 영국학술원, 아메리카예술-과학학회, 로마의 교황청 성 토마스 아퀴나스 학회(Pontifical Academy of St. Thomas Aquinas at Rome) 회원이다.

그는 수많은 명예박사 학위를 받았다: 옥스퍼드대학교 문학박사(D.Litt.), 애버딘대학교, 하버드대학교, 펜실배니아대학교로부터 법학박사(LL.D.), 로마대학교, 밀라노대학교, 몬트리올 대학교로부터 철학박사(Ph.D.) 학위를 받았다.

그는 또한 프랑스-캐나다연구소 소장, 파리가톨릭저술가협회 협회장, 국제가톨릭구제회와 팍스 로마나의 회원으로, 후자의 모임에서 강연을 한 적이 있다.

질송 교수는 프랑스 공화국의 자문단의 일원이고 1946년에는 현대 프랑스 정부의 상원 또는 원로원에도 속하고 있다. 그는 같은 해 국제연합헌장의 프랑스어 텍스트를 작성하는 샌프란시스코협약의 프랑스 사절의 전문위원이었다. 그는 또한 유네스코(UNESCO)의 프랑스 대사로서 그 프랑스어 텍스트도 작성하였다.

질송 교수의 1951년까지의 저술목록은 다음과 같다:

1) *Index scholastico-cartesien*, Paris, Alcan, 1913, pp.ix-355.
2) *La Liberte chez Descartes et la theologie*, Paris, Alcan, 1913, pp.453.
3) *Etudes de philosophie medievale*. Collection des travaux de la Faculte des lettres de Strasbourg, Strasbourg, 1921, pp.viii-291.
4) *La Philosophie de Saint Bonaventure*, Paris, Vrin, 1a ed., 1924, pp.420; 2a ed., 1943, pp.483; tr. Engl.: *The Philosophy of Saint Bonaventure*, New York, Sheed & Ward, 1938, pp.xiii-551.
5) *Discours de la Methode* (Descartes), edited with commentary, Paris, Vrin, 1a ed. 1925, 2a ed. 1939, text 78, commentary, pp.490.
6) *Saint Thomas d'Aquin* (Les moralists chretiens) text & commentary, Paris, Gabala, 6a ed. 1941, pp.380; tr. Engl.: *Moral Values and the Moral Life*, St. Louis, Herder, 1931, pp.329.
7) *Etudes sur le role de la pensee medievale dans la formation de*

systeme cartesien, Paris, Vrin, 1930, pp.345.

8) *L'Esprit de la philosophie medievale* (The Gifford Lecture of 1930-31), Paris, Vrin, 1a ed. 2 vols., 1932; 2a ed. 1 vol., 1944, pp.447; tr. Engl.: *The Spirit of Medieval Philosophy*, New York, Scribner's, 1936, pp.484.

9) *Les Idees et les Letters*, Paris, Vrin, 1932, pp.300.

10) *Pour un ordre catholique*, Paris, Desclee de Brouwer, 1934, pp.237.

11) *La Theologie mystique de saint Bernard*, Paris, Vrin, 1934, pp.251; tr. Engl.: *The Mystical Theology of St. Bernard*, New York, Sheed & Ward, 1940, pp.264.

12) *Saint Thomas Aquinas*, from Proceedings of the British Academy, vol.xxi, London, Humphrey Milford, 1935, pp.19.

13) *Le Realisme methodique*, Paris, Tequi, 1936, pp.101.

14) *Christianisme et philosophie*, Paris. Vrin, 1936, pp.168. Out of print. Tr. Engl.: *Christianity and Philosophy*, New York, Sheed & Ward, 1939, pp.134.

15) *The Unity of Philosophical Experience* (The William James Lecture of 1937), New York, Scribner's, 1938, pp.331.(=국역본: 『존재와 사유』, 박영도 옮김, 이문출판사, 1985).

16) *Medieval Universalism and Its Present Value* (Harvard Tercentenary Conference 1936), New York, Sheed & Ward, 1937, pp.22.

17) *Reason and Revelation in the Middle Ages* (The Richard Lecture of 1937), New York, Scribner's, pp.110.(=국역본: 『중세 철학입문』, 강영계 옮김, 서광사, 1985).

18) *Heloise et Abelard*, Paris, Vrin, 1938, pp.252.

19) *Realisme thomiste et critique de la connaissance*, Paris, Vrin, 1939, pp.239(=국역본: 『토미스트 실재론과 인식 비판』, 이재룡 옮김, 서광사, 1993).
20) *Dante et la philosophie*, Paris, Vrin, 1939, pp.x-341.
21) *God and Philosophy* (The Powell Lectures of 1940), New Haven, Yale University Press & Oxford, Oxford Univ. Press, 1941, pp.144.(=국역본: 『철학과 신』, 김규영 옮김, 성바오로출판사, 1966).
22) *Introduction a l'etude de saint Augustin*, Paris, Vrin, 1a ed., 1929, pp.ii-352; 2a ed. 1943, pp.352(=국역본: 『아우구스티누스 사상의 이해』, 김태규 옮김, 성균관대학교출판부, 2010).
23) *Las Philosophie au moyen-age*, Paris, Payot, 2a ed., 1944, pp.763(=국역본: 『중세기독교철학사』, 김기찬 옮김, 크리스챤다이제스트, 1994).
24) *Theologie et histoire de la spiritualite*, Paris, Vrin, 1943, pp.27.
25) *Le Thomisme*, Paris, Vrin, 5a ed., 1945, pp.523; 3a ed. tr. Engl.: The Philosophy of St. Thomas Aquinas, St. Louis, Herder, 1941, pp.362; 5a ed.(*1919년 초판부터 1964년의 마지막 제6판까지 온갖 정성을 다 기울여 평생에 걸쳐 개정 증보해온 질송 자신의 토마스 연구의 이 결정판은 머지않아 국내에서도 번역 출간될 예정이다.)
26) *Philosophie et Incarnation selon saint Augustin* (Conference Albert le Grand 1947), Montreal, Institute D'Etudes Medievales Universite de Montreal, 1947, pp.55.
27) *History of Philosophy and Philosophical Education* (The Aquinas Lecture, Fall, 1947), Marquette University Press, 1948.(*본서의 제2강)

28) *L'Etre et l'essence*, Paris, Vrin, 1948.

29) *Being and Some Philosophers*, Toronto, PIMS, 1949.(=국역본:『존재란 무엇인가』, 정은해 옮김, 서광사, 1992).(*이 책의 핵심 부분인 제5장[존재자와 존재]과 제6장[존재 인식]은 최근 엮은이의 '다시읽기' 번역으로 각각『중세철학』제27호[2021], 277-334쪽과『중세철학』제28호[2022]에 실려 있다.)

30) *L'Ecole des muses*, Paris, Vrin, 1950.

31) *Heloise and Abelard*, Chicago, Regnery, 1951.

32) *Jean Duns Scot. Introduction a ses positions fondamentales*, Paris, Vrin, 1951.

(질송의 이후의 저작들과 질송에 관한 몇몇 주요 연구문헌들, 그리고 국내 번역 현황에 대해서는 권말의 '참고문헌'을 참조하라.)

제1강
성 토마스 아퀴나스의 지혜와 사랑
《아퀴나스강연-16: 1951년》

Da nobis, quaesumus,
et quae docuit intellectu conspicere,
et quae egit imitatione complere!

(Proprium Missae S. Thomae de Aquino
die vii martii, MCMLI)

주님 청하오니, 그가 가르친 것을 우리 지성으로 깨닫고, 그를 본받음으로써 부족한 것을 채워나갈 수 있는 은총을 저희에게 허락하소서!

(성 토마스 아퀴나스 축일[3.7] 기념미사 본기도문)

예수회에서 운영하는 밀워키 마케트대학교(Marquette University)의 〈아리스토텔레스학회〉(The Aristotelian Society)에서 1951년도에 16번째 《아퀴나스 강연》(Aquinas Lecture)으로 행한 질송의 강연.

본 강연은 성 토마스 아퀴나스가 철학적 문제들에 대한 자신의 논의에서 실제로 따랐던 방법을 말하자면 '구체적으로' 탐구하자는 하나의 초대입니다. 이런 방향에서의 한 시도가 이미 이루어진 바 있습니다.[1] 그리고 어떤 의미에서 마리-도미니크 슈뉘(Marie-Dominique Chenu, OP) 신부의 작품들은 모두 이 중요한 문제에 관한 탐구에 중요한 기여들로 간주될 수 있을 것입니다. 그 중요한 기여들 가운데서도 가장 중요한 것은 그의 최근의 작품 『성 토마스 아퀴나스 연구 입문』입니다.[2] 토마스 아퀴나스의 신학 방법에 관한 그의 결론들은 가끔 토마스의 신학의 테두리 안에 포함된 철학에도 적용될 수 있습니다. 그 직접적인 역사적 목적과 범위를 넘어 이 강연은 토마스 아퀴나스의 인식론적 원리들의 빛 속에서 실제적인 지성적 생활에 관한 심리학적 탐구에 대한 교의적 초대를 함축하고 있습니다. 명백히 토마스 아퀴나스의 제자들로서 우리의 첫 번째 의무는 그의 원리들의 진정한 의미를 되찾는 일입니다. 하지만 단지 그것들을 재진술하는 것만으로는 토마스 자신에게는 물론 우리의 시대를 위해서도 우리의 의무를 다했다고 볼 수 없을 것입니다. 실제적 토마스 아퀴나스를 놓치지 않기 위해서 우리에게 필요한 것은 그 견고한 역사를 아는 일입니다. 이 작업을 위해서는 어느 개별 역사가의 업적보다 우리 가운데 토마스를 자신의 삶과 활동의 안내자로 삼고 있는 모든 이들의 업적이 필요합니다.

그러나 우리는 또한 우리 시대의 문제들을 토마스 아퀴나스의

---

1. J. Rimaud, *Thomisme et methode*, Paris, G. Beauchesne, 1925.
2. Marie-Dominique Chenu, OP, *Introduction a l'etude de Saint Thomas d'Aquin*, Paris, J. Vrin, 1950.

참된 원리들에 비추어 해결할 수 있기 위해서 '창조적 토미즘'(Creative Thomism)도 필요합니다. 지성적 생활의 구체적 심리학은 이 문제들 가운데 겨우 하나에 불과하지만, 중요한 문제입니다. 토미스트들이 다른 이들로 하여금 토미즘에 관심을 갖도록 하는 최선의 길은 그들에게 그것이 '작동하고 있음'을 보여주는 일입니다. 어떤 철학의 '증거'는 그 원리들이라는 유일한 증거에 있지만, 그 진리성의 외적 '표지들' 가운데 가장 명백한 것은 그 사변적 풍요로움입니다. 모든 토미스트들은 오늘날 현대 세계의 영적 곤궁(distress)에 의해서, 그 표지를 모든 이들이 볼 수 있도록 만드는 데 공동 협력하도록 요구를 받고 있습니다. 구술 토론으로 우리가 낭비하고 있는 오늘 이 짧은 한 토막의 시간이 그런 건설적 과제를 위해 유익하게 사용한 것이었으면 좋겠습니다.[3]

[1. 지혜 사랑으로서의 진리 추구]

모든 철학도들은 으레 철학(哲學, philosophia)을 가르치는 철학자들에게서 그것을 배우리라고 가정됩니다. 3년이나 4년 또는 5년 동안 철학을 배운 다음에, 적어도 어떤 학생들은 철학을 잘 알게 되어서, 철학을 가르칠 자격이 있는 것으로 간주됩니다. 만일 그들이 철학을 가르친다면, 그들은 프로그램을 따라야 하

---

3. 성 토마스 아퀴나스에 관한 모든 주해는 토마스 자신의 작품들을 직접 읽으라는 초대장으로 읽혀야 한다. 상당히 많은 수의 독자들로 하여금 이 강연에서 논의되는 문제들에 관해 각자 자기 나름의 견해들을 형성할 수 있도록, 나는 가능한 한, 토론토 대학의 중세사상연구소 소장인 앤턴 페지스 교수(Anton C. Pegis)가 마련한 대단히 훌륭하고 접근이 용이한 영어 번역본을 활용하였다. 이 번역들은 다음과 같은 두 권의 작품들로 출간되었다: *Basic Writings of Saint Thomas Aquinas*, 2 vols., New York, Random House, 1945; *The Wisdom of Catholicism*, New York, Random House, 1949.[* 역자는 국내 번역본들이 있는 경우에, 최대한 그 번역본을 병기하려고 노력하였다.]

고, 교재를 사용하며, 읽을거리들을 제시하고, 질문들을 제기하고, 그것들에 대한 논의를 거쳐 해결책에 이르는 길을 제시해야 합니다. 요컨대, 그들은 자신의 학생들이 철학을 배우고 가능하다면 참으로 철학적인 방식으로 문제들을 논의하는 습성을 습득하도록 지도해야 합니다. 이 모든 것이 필요한데, 이것들은 그 자체로 놓고 볼 때 훌륭합니다. 철학은 의심의 여지없이 "배움"이고, 바로 그렇기 때문에 그것은 언제나 가르쳐졌고 또 학습되었습니다. 하지만 고대 그리스에서는 철학이 흔히 전혀 다른 어떤 것이었습니다. 그것은 삶의 길이자 방식이었던 것입니다. 그것은 정확히 '지혜 추구'에 온전히 헌신하는 삶이었습니다.

현대 세계는 철학의 이 두 번째 측면의 중요성을 상실해버린 것이 아닐까 하고 두려워할 만한 충분한 이유가 있습니다. 누군가는 한걸음 더 나아가 이 측면이 거의 완전히 잊혀져버릴 위험에 처하고 있는 것은 아닐까 걱정할지도 모릅니다.

현대 생활의 일반적 추세는 '삶의 길'로서의 철학 관념과 맞지 않습니다. 오늘날 학습은 대학 또는 대학교라 불리는 대형 백화점에서 판매되고 있습니다. 거기에서 학생들은 광고를 통해 알게 된 것과 같이 그들의 입맛에 맞거나 그들의 요구에 부응하는 지식을 구매합니다. 심지어 그들의 입맛이 어떤 매우 열띤 경향을 반드시 배반하는 것도 아닙니다. 나는 학생들이 철학과 수학 사이에 선택을 해야 하는 한 대학을 기억하고 있습니다. 여러분은 얼마나 많은 학생들이 수학에 대한 두려움 때문에 철학을 시작하게 되었는지를 알면 깜짝 놀랄 것입니다. 학생들이 적절하게 철학은 "지혜 사랑"(philo+sophia)이라고 대답하는 수많은 철학 시험 현장에 참석했지만, 나는 어느 시험관이 수험생에게 "그러면 너는 지혜를 사랑하니?"라고 묻는 것을 들은 기억이 없습니다. 이것은 정당하지 못한 질문이었을지 모릅니다. 철학이 무엇인지를 수험생이 아는 한, 더 이상 질문하기는 어려웠을지 모릅니다. 그것에 관한 학생의 개인적 느낌은 다른 누가 아니라 그 자신의 것이고, 그가 사랑하고 있는지를 묻는 것은 요점이 아닐 뿐만 아니라, 적극적으로 말하자면 억지스러운 일이었을지 모릅니다.

그렇지만 이것이야 말로 정확히 소크라테스(Socrates)가 그를 찾아온 모든 새로운 제자에게 물었음직한 질문입니다: 당신은 지혜를 사랑합니까? 만일 그 소년이 "제가 사랑하고 있는지는 확신할 수 없습니다. 하지만 저는 그것을 배우고 싶습니다."라고 대답했다면, 소크라테스는 그에게, 철학자가 아니면서 철학에 관한 모든 것을 알고 있는 것처럼 처신했던 저 영리한 소피스트들(Sophistes) 가운데 하나를 찾아보라고 권고했을 것입니다.

우리 가운데 "토마스주의자가 된다는 것"(to be a Thomist)이 토마스 아퀴나스(Thomas Aquinas, 1225-1274)의 전 작품들에 대한 완전한 지식을 소유하는 것을 의미한다고 생각하는 이들도 비슷한 대접을 받아야 합니다. 물론 이것은 무시할 만한 성취는 아닙니다. 하지만 그것은 어떤 다른 것을 옆으로 치워둘 수가 있는데, 그것은 전혀 다른 성격이지만 훨씬 더 중요한 것입니다. 토마스 아퀴나스는, 지혜(智慧)를 최고의 가능한 지식으로 간주하였던 그리스 철학자들에게 언제나 감사의 마음을 품고 있었습니다. 그는 신학자(神學者)였기에 신학(神學, theologia)은 그에게 최고의 지혜였습니다. 하지만 형이상학(形而上學, metaphysica) 자체는, 특별히 제1원리(第一原理, primum principium)와 제1원인들(第一原因, causa prima)에 대한 탐구로 이해되는 한에서 그 자체가 하나의 지혜이고, 신학의 작업에 도움이 됩니다. 인간이 참행복(眞福, beatitudo)을 향해 나아가는 길을 발견하도록 도와주는 학문으로서 지혜는 그에게 사랑(amor)의 대상이어야 합니다. 참으로 우리가 지혜를 사랑하지 않는다면, 도대체 왜 그것을 추구해야 한단 말입니까? 아니, 우리가 어떻게 우리가 소유하기를 갈망하지도 않는 어떤 것을 획득할 수 있단 말입니까? 진정한 토마스주의자는 사랑하기 때문에 아는 사람입니다. 다시 말해, 토마스 아퀴나스를 연구하는 데에는 도덕적 측면이 있습니다.

[2. 지성적 덕과 의지의 역할]

토마스의 가르침의 어떤 부분을 고찰하든지 간에 우리는 언제나 그의 진리(眞理, veritas)를 반쯤은 간과할 위험이 있습니다. 우리가 마땅히 강조하는 곳, 흔히 '주지주의'(主知主義, intellectualism)라고 부르는 곳보다 그 위험이 더 큰 곳은 없습니다. 토마스 아퀴나스는 주지주의자였습니다. 그는 진리(眞理, veritas)를 인식하기 위해서 자신의 지성(知性, intellectus) 이외에 다른 어느 것에도 의존하지 않았기 때문입니다. 사람은 오직 자신의 눈으로만 볼 수 있는 것처럼, 자신의 지성으로만 인식할 수 있습니다. 그러나 이 진리가, 인간의 지성 생활이 오직 그의 지성의 작동으로부터만 전개된다고 생각하는 데에로 이끌어서는 안 됩니다. 모든 토마스주의자들은 자신들의 공동 스승에 따라, 인식하는 것은 지성이 아니라 그의 지성을 통한 그 사람 자신이라는 점에 동의합니다. 그리고 인간은 지성 이외에도 더 많은 것으로 구성되어 있기 때문에, 그가 인식할 적마다 다른 많은 기관(機關, facultas)들도 그의 인식 형성에 협력합니다. 그 가운데 가장 중요한 것이 의지(意志, voluntas)입니다. 이 사실을 잊는 것은 또한 사변적 지식의 획득을 위해서도 실천적 조건들이 있고, 지성적 생활은 도덕성 문제를 포함하고 있다는 더 이상의 사실을 간과하는 것입니다.

그 진리를 충만하게 복원하기 위해서 우리는 먼저 지혜, 지식, 이해와 같은 지성적 덕(知性的 德, virtus intellectualis)들이 있다는 점을 기억해야 합니다. 그것들은 이른바 "도덕적 덕들"처럼 적절하게 덕의 정의를 채우지 않기 때문에, 우리는 지성적 덕들이 '실재적'(realis)인 덕들이 아니라고 생각하려는 경향이 있습니다. 우리에게는 우리의 지성이 '인식할' 때, 그것은 아무것도 '행'하지 않는 것처럼 보입니다. 그러나 이것은 착각입니다. 지성이 인식할 때, 그것은 지성의 일을 하는 것이고, 만일 어떤 사변적 덕 때문에 이 지성이 훌륭한(good) 일을 한다면 그것은 유덕한 지성입니다. 그런데 진정한 토마스주의자이기 위해서는 성 토마스가 이것을 말했다는 것을 아는 것만으로는 충분하지 못합니다. 토마스 아퀴나스의 진정한 제자라면, 그는 이것을 알고서 그것을 자기 존재의 내구성 속으로 흡수하는 자, 곧 실제로 자기 자신을, 지혜가 인식하는 제1원리들의 빛 속에서 "이해"하고 "지식"을 습득하도록 훈련시키는 사람입니다. 이 지성적 덕들은 참으로 실재적이어서, 몇 가지 질문과 대답을 거친 다음에는 어떤 훈련된 정신은 안다는 것이 무엇인지를 아는 또 다른 훈련된 정신을 인정할 수 있습니다. 많은 사람들은 이 점을 의식하고 있지 않고, 또 우리 가운데 마치 자신이 알아야 할 것이 무엇인지를 알지 못한 것처럼 말하는 것을 허용하지 않을 사람은 아무도 없습니다. 하지만 자기 자신의 지성을 잘 사용하는 것이 하나의 덕인 것과 마찬가지로, 그 반대로 하는 것[즉, 잘못 사용하는 것]은 악습(惡習, vitium)에 양보하는 것입니다. 사변적 덕들은, '지성의 훌륭한 작용'인 '진리 고찰'에의 적합성을 우리의 지성에 전해줍니다.[4]

---

4. *Summa Theologiae*(=ST: 이하 ST로 약칭함), I-II, q.57, a.1, Resp., quoted from

우리의 행위를 이 원리와 일치시키는 것은 우리의 삶에 커다란 변화를 가져올 것입니다. 그것은 또한 우리를 우리의 현재 상태보다 더 훌륭한 토미스트로 만들어 줄 것입니다. 왜냐하면 그것은 우리를 현재 우리 자신이 그러한 것보다 성 토마스와 좀더 비슷하게 만들어 줄 것이기 때문입니다. 첫째, 그것은 우리로 하여금, 우리가 결코 생각하기를 그치지 않을 것이기 때문에 결코 알기(인식하기)를 그치지 않을 것이고, 또 어떻게 아는지 그 방법을 배우기를 그치지도 않으리라는 것을 깨닫게 해줄 것입니다. 학문이나 이해와 같은 사변적 덕들은 우리 안에서 항구한 연습을 통해 마음의 수많은 영속적인 태세(態勢, dispositio)들이 될 것입니다. '세련된 정신'이라는 것은 그렇게 획득된 대단히 방대한, 가능한 지식들을 갖추고 있는 정신이 아닐까요? 그리고 바로 그렇기 때문에 언제나 우리를 에워싸고 있는 우주에 의해서 제기되는 질문들에 대한 가지적 대답을 제시할 태세를 갖추고 있는 것이 아닐까요? 우리 가운데 어떤 이들은 특히, 그 필요성이 언제나 명백한 것은 아닌 많은 학문들을 배우도록 요구되고 있을 때, 그런 공부에 소비한 그 모든 노력이 시간 낭비가 아닌지 궁금해합니다. 우리는 모두, 마치 어떤 '유용한'(utile) 것을 배우는 것이 언제나 아는(인식하는) 데 유용한 것은 아닌 것처럼 배우려고 합니다. 배움은 더 이상 어떤 더 이상의 목적을 위한 수단이 아니라, 그 자체가 하나의 목적입니다.[5] 인간은 절대적 진리에 대한 관상(觀想, contemplatio)을 통해 자신의 이성적 본성의 완성에 도

A. C. Pegis, *Basic Writings of Saint Thomas Aquinas*, vol.II, p.430[=국역본: 『신학대전 제23권: 덕』, 이재룡 옮김, 한국성토마스연구소, 2021, 81쪽].

5. 그 자체로 놓고 볼 때, 지식은 언제나 선하지만, 선한 것일지라도 오용(誤用) 될 수 있다. 지식의 선용(善用)을 규제하는 덕들에 관해서는, 아래의 각주 14번과 25번을 참조하라.

달하는 것을 궁극 목적으로 삼고 있는 이성적 존재자입니다. 이런 의미에서 우리로 하여금 지성적 행위들을 수행할 수 있게 만들어주는 저 사변적 덕들은 그 정의상 인간적 덕들 가운데 가장 높은 덕들입니다. 왜냐하면 그것들을 통해서 우리는 우리의 궁극적 목적(窮極的目的)에 좀 더 근접했기 때문입니다. 그 어떤 참된 토미스트도 학습생활의 도덕적 가치에 관해 결코 주저하지 않을 것입니다. 반면에, 우리는 모두 학생으로서의 매일의 본분을 지켜야 하고, 학생들 가운데에 나는 교수들도 끼워 넣었는데, 그것은 사변적 덕들이 모든 덕들 가운데 가장 고상하고 그 행위들이 다른 모든 것보다 가장 공로가 있다는 깊은 확신 때문이었습니다. 토마스 아퀴나스 자신을 보십시오! 그는 언제나 읽고, 배우고, 가르치고, 쓰고, 기도하는 것밖에는 다른 아무것도 할 줄 몰랐습니다. 그러나 그는 그렇게 했고, 아는 것이 훌륭한 일을 하는 것임을 의심하기는커녕 언제나 대 그레고리오 교황과 함께 "관상생활(觀想生活)이 활동생활(活動生活)보다 더 큰 공로(가치)를 지니고 있다"는 입장을 견지하였습니다.[6] 모든 선한 일들 가

---

6. "contemplativa est maioris meriti quam activa"(*ST*, I-II, q.57, a.1, Resp, in *Basic Writings*, II, p.430[=국역본: 이재룡 옮김, 83쪽]). 토마스 아퀴나스는 이 점을 그의 생애 초기부터 일관되게 단언했다. 관상생활이 활동생활보다 더 고상하기 때문에, 인간을 관상생활에서 완성하는 지성적 습성들이 인간을 활동생활에서 완성하는 도덕적 습성들보다 훨씬 더(multo fortius) 덕(德, virtus)의 칭호를 받을 자격이 있다.(*In Sent.*, III, d.23, q.1, a.4, qc.1, sc) 동일한 가르침이 『덕론』(*De Virtutibus in comm.*, art.7)에서도 발견된다. 이 텍스트에서는 다음과 같은 중요한 간명화들에 주목할 가치가 있다: 1) 지성과 의지는 서로서로 포함하고 있다. 2) 의지에 선행하는 것으로 간주되는 지성적 덕들(이해, 지식[학문], 지혜)은 덕의 정의를 완전하게 달성하지 못한다. 왜냐하면 그것들은 형상적으로가 아니라, 오직 질료적으로만 선의 획득으로 질서지워져 있기 때문이다. 3) 의지에 뒤따르는 것으로 간주된 지성 안에서 고찰되는 사변적 습성들은, 그것들을 통해 인간이, 단지 알 수만 있는 것이 아니라 알기를 열망하는 한에서, 좀 더 진실되게 덕의 칭호를 받을 자격이 있다. 4) 지성적 습성들은 의지와 다양한 관계를 맺는다: 어떤 것들은 그 사용과 관련해서만(곧, '우유적으로'만) 의지에 의존하는데, 이것이 바로 지식,

운데 더 공로(가치)가 있는 것은 지성의 선한 일입니다.

만일 이것이 어떤 교수의 삶이나 그의 학생의 삶에 전혀 아무런 의미도 없거나, 아니면 조금밖에 없다면, 무엇이 그들의 삶에 영향을 줄 수 있는지 상상하기조차 어렵습니다. 그러나 그 자체로 그리고 절대적으로 볼 때 아무리 탁월하다고 하더라도 관상생활의 덕들은 그 자체로 공로(가치)가 있는 것이 아니라고 조심스럽게 지적하기로 합시다. 사람은, 덕을 통해 가장 고상한 종류의 공로(功勞)를 달성할 수 있도록 덕을 획득해야 합니다. 하지만 사변적 덕들이 우리에게 그 행위들의 올바른 사용에 대하여 전해줌으로써 공로가 있도록 만들기 위해서는 참사랑, 정의 등과 같은 도덕적 덕들이 요구됩니다. 요컨대, 이 두 가지 상황이 모두 현존하고 있기 때문에, 모든 행위들 가운데 가장 공로가 있는 것은 (그 행위가 참사랑에 의해 활성화 될 때) 최고의 가지적 대상에 대한 관상(觀想) 행위입니다.[7]

지혜, 그리고 기예(技藝)의 경우이다. 또 어떤 것들은 의지(意志)로부터 그 원리들을 받기 때문에 의지에 의존하고 있다. 이것은 (그 기능이 의지가 갈망하는 선을 성취하고 그것을 보존할 수 있는 최선의 길을 탐구하는 것인) 지성적 덕인 현명(賢明)의 경우이다. 그리고 의지로부터 바로 그 대상을 지정받는 하나의 사변적 습성이 있는데, 바로 신앙(信仰)이다. 왜냐하면 "인간은 원하지 않고서는 믿을 수 없기"(credere non potest homo nisi volens) 때문이다. 5) 이 모든 습성들은 이런저런 방식으로 덕이라고 불릴 수 있지만, 신앙과 현명은 지식[학문]과 지혜보다 더 완전하고 더 고유하게 덕의 정의를 채운다. 6) 주의: 이것은, 그 자체로 놓고 볼 때 신앙과 현명이 지식[학문]과 지혜보다 더 고상하거나 더 완전하다는 것을 포함하고 있지 않다. 이 마지막 언급은, 그 자체로 볼 때, 지식[학문]이 신앙보다 더 고도로 사변적인 습성(곧 보다 완전한 유형의 지식)이라는 토마스 아퀴나스의 항구한 가르침과 일치한다.

7. 이 우위성은 지식으로서의 지식의 '내밀한' 우위성에서 기인한다. 지식은 인간의 다른 모든 작용들보다 우위를 차지한다. 왜냐하면 인간이 자신의 궁극적 목적에 도달할 수 있는 것은 바로 지식을 통해서이기 때문이다: "따라서 가장 완전한 가지적 대상인 하느님을 이해한다는 것은 '이해' 작용의 가장 위대한 완성이다."(ScG, III, 25, n.2057, in A. C. Pegis, *The Wisdom of Catholicism*, p.304[=국역본: 『대이교도대전 III/1』, 김율 역주, 분도출판사,

만일 내가 당신에게 이 진리의 함의(含意)들을 명료화할 수 있다면, 나는 또한 똑같은 논거로 어떤 토미스트가 자기 스승의 가르침에 관해 저지를 수 있는 가장 비토미스트적인 실수 하나를 지적하고 싶습니다. 토미스트들 안에서는 인간이 자신의 의지가 아니라 자신의 지성에만 의존해서 인식한다는 데에, 또한 그래서 우리의 의지는 어떤 명제(命題)의 진리성과는 아무 관계도 없다는 데 동의해야 합니다. 그러나 그 이상이 있습니다. 토마스 아퀴나스에 따르면, 우리의 지성은 그 추론(推論) 활동에서 명백한 것처럼 자기 고유의 자발성을 실행합니다. 지성은 그 고유의 가지적(可知的) 빛 덕분에, 원리들로부터 귀결들로, 또는 거꾸로 귀결들로부터 원리들로 논의를 전개합니다.[8] 우리는 모두 그 현

2019, 263쪽]). 305쪽[=국역본: 김율 역주, 265쪽]에서 토마스 아퀴나스가 사용하고 있는 강력한 표현에 주목하라: "인간의 '지성'은 가장 낮은 실재들에 대해서 그것에 개방되어 있는 충만한 지식을 가지고 있는 것보다, 신적인 것들을 알려는 더 큰 '갈망'과 '사랑'을(그리고 그것이 신적인 것들을 지각할 수 있는 정도가 아무리 적더라도, 그 안에 있는 '기쁨'도) 가지고 있다." 보편적 존재자의 원인을 알려는 지성의 자연적 '갈망'에 대해서는: Cf. p.307[=국역본: 김율 역주, 271쪽]. 이 표현들이나 그와 비슷한 것들의 의미에 관한 어떤 지적들은 나중에 각주 25번에서 주어질 것이다.

8. 지성은 그 고유의 자발성을 부여받고 있다. 이 자발성은 인식으로서의 인식 영역 전체로 확장된다. 원리로부터 결론으로 전개하거나 혹은 귀결들을 제1원리들의 빛으로 환원하는 것은 지성 홀로 하는 일이다. 이런 의미에서 "의지가 자기 자신을 움직이는 것과 마찬가지로 이성은 자기 자신에게 명령한다."(*ST*, I-II, q.17, a.6, ad1; in *Basic Writings*, II, p.311[=국역본: 『신학대전 제17권: 인간적 행위』, 이상섭 옮김, 바오로딸출판사, 2019, 417쪽]. Cf. I-II, q.9, a.3, Resp., in *Basic Writings*, II, p.253[=국역본: 이상섭 옮김, 131쪽]) 다시 말해, 그 원리들에 대한 지식을 통해서 지성은 자기 자신을 결론들의 지식으로 움직인다.(곧 그 자신을 가능태에서 현실태로 환원시킨다.) 이것은 단적으로, 인식으로서의 인식이 전적으로 그리고 배타적으로 지성의 일이라고 말하는 것이다. 하지만 지성의 모든 자발성은 2중의 수동성을 전제하고 있다: 1) 그 대상을 향하여: 지성이 (그것이 행동하기 전에, 반드시 어떤 다른 것의 행동을 겪어야 하는) 수동적인 능력이라는 의미에서. 2) 의지를 향하여: 모든 인식은 알려는 의지나 아니면 적어도 지성의 능력을 실행하려는 의지의 동의를 전제한다는 의미에서.

행 문제와 관련된 학문을 충만히 갖춘 우리의 지성이 아무런 노력 없이, 말하자면 자기 자신의 능력 아래에서 그것을 실제로 해결하는 데로 나아가는 저 행복한 순간들을 알고 있습니다. 이런 경우에 의지는 지성이 약해질 때 집중력이 흐트러지는 것을 막고, 그 과제에 계속 집중하도록 유지하며, 전문 운전기사처럼 핸들을 잡는 것 외에는 달리 할 것이 아무것도 없습니다. 그러나 또한 우리는 인간이 자신의 지성을 통해서 아는 것과 마찬가지로 자신의 의지를 통해서 갈망한다는 데에 대해서도 동의해야 합니다. 의지만으로는 인식하지 못하고, 지성만으로도 갈망하지 못합니다. 그것의 목적인 진리를 향한 지성의 운동은 (참을 목적으로 삼고 있는 것이 아니라 선을 목적으로 삼고 있고, 오로지 진리 자체가 어느 특정 선인 한에서만 참을 향해 기우는) 어떤 욕구의 운동이 아니라, 어떤 본성(natura)의 운동입니다. 그런데 인간이 진리를 인식하는 것은 훌륭한 일입니다. 그것은 심지어 모든 선한 일들 가운데 가능한 최선입니다. 왜냐하면 인간이 참행복에 이르는 것은 하느님을 앎으로써 이기 때문입니다. 이런 의미에서 진리를 알려는 갈망은 우리의 지성적 삶을 가속화시키는 정신입니다. 왜냐하면 그것은 우리로 하여금 우리의 모든 인식들의 목적인(目的因)이어야 하는 것을 알기를 갈망하도록 만들기 때문입니다.[9] 사변적 덕들의 획득, 양성, 선용은 의지의 협

---

9) 이 점에 관한 아리스토텔레스와 복음서의 일치는 모든 토미스트들이 명심해야 하는 토마스 아퀴나스 자신의 한 텍스트에 의해서 주목되었다: "그런데 인간과 어떤 다른 지성적 실체의 궁극 목적은 '행복' 또는 '참행복'이라고 불린다. 왜냐하면 모든 지성적 실체가 그 궁극 목적으로 그리고 그 자체의 목적 때문에 갈망하는 것이 바로 그것이기 때문이다. 그러므로 어떤 지성적 실체의 궁극적 참행복 또는 행복은 하느님을 아는 것이다. 이리하여 복음서에서는 이렇게 말한다: '행복하여라, 마음이 깨끗한 사람들! 그들은 하느님을 볼 것이다.'(마태 5,8) 그리고 요한복음서는 이렇게 말한다: '영원한 생명이란 홀로 참하느님이신 아버지를 알고 아버지께서 보내신 예수 그리

력을 필요로 한다고 말하기로 합시다.

의지가 지성의 행위에 명령을 내릴 수 있다는 것은 토미즘의 특성으로 잘 알려져 있습니다. 만일 어떤 특정 시각이 나의 눈을 강타하면, 나는 그에 상응하는 대상을 알지 않을 수 없지만, 만일 내가 그것을 바라보고 싶지 않다면, 나의 눈을 감을 수 있고, 또 반대로 흥미를 느낀다면 눈을 계속 뜨고 있을 수 있습니다. 두 경우에 모두 어떤 선택이 있는데, 이 선택은 의지의 소관입니다. 지성적 대상들에 대한 인식에 대해서도 같은 말을 할 수 있습니다. 의지는 언제나 지성으로 하여금 작동을 하거나 쉬도록, 어느 특정 대상을 바라보거나 그것에 어떤 생각도 주지 말도록, 그 주의를 기울이거나 아니면 이완하도록 명령할 수 있습니다.[10] 지

스도를 아는 것입니다.'(17,3) 아리스토텔레스 자신은 인간의 궁극적 행복이 '사변적'이고, '이것이 최고의 사변적 대상과 관련된다'고 말할 때, 저 판단과 일치하고 있다."(Ultimus autem finis omnis hominis, et cuiuslibet intellectualis substantiae, *felicitas sive beatitudo* nominatur: hoc enim est quod omnis substantia intellectualis desiderat tanquam ultimum finem, et propter se tantum. Est igitur beatitudo et felicitas ultima cuiuslibet substantiae intellectualis cognoscere Deum. Hinc est quod dicitur Matth. 5,8: *Beati mundo corde, quoniam ipsi Deum videbunt.* Et Ioan. 17,3: *Haec est vita aeterna, ut cognoscant te Deum verum.* Huic etiam sententiae Aristoteles in ultimo *Ethicorum*, concordat, ubi ultimam hominis felicitatem dicit esse *speculativam, quantum ad speculationem optimi speculabilis*: ScG, III, 25, nn.2068-70, in *Basic Writings*, II, p.46[=국역본: 김율 역주, 273-275쪽]. 이렇게 아리스토텔레스에 대한 언급(*Ethic. Nic.*, X, 1177a12-18)은 성 토마스 아퀴나스 자신의 마음속에서 이것이 (그 충만함이 복음서에 의해서 사람들에게 계시된) '철학적' 진리였다는 확실한 표지이다. 그것이 지성이 '갈망한다'고 말해질 수 있는 간접적 의미에 관해서는 아래의 각주 25번을 참조하라.

10. *ST*, I-II, q.17, a.6, Resp., in *Basic Writings*, II, pp.310-311[=국역본: 이상섭 옮김, 403쪽 이하]. 이 점에 관한 토미스트들 사이의 의견 불일치의 주요 원인들 가운데 하나는 그들 가운데 어떤 이들은 인식 행위가 지성에 의해서 실행되는 것이라고 말하는 데 반해, 다른 이들은 인식 행위가 인간에 의해서 실행되는 행위라고 말한다는 데 있다. 두 관점은 토마스의 가르침 안에서 똑같이 정당하지만, 그들은 동일한 문제에 대해 다른 대답을 정당화하고 있다. '철학자들'에 대해서 말하는 데 있어서 우리는 '사람들'을 다루고

성적 덕들의 현존 혹은 부재는 우리의 현행 문제와는 무관합니다. 왜냐하면 도덕적 덕들은 욕구 또는 의지에 자리잡고 있기 때문에 어떤 착수적 능력을 발휘할 수 있는 데 반해, 사변적 덕들은 바로 그것들이 지성에 자리잡고 있기 때문에 의지에 의해서 그것들이 자신의 일을 할 수 있도록 작동될 수 있어야 합니다. 토

있는 것인데, 철학하는 사람들의 경우에 의지가 그들의 사변적 행동(처신)의 중요 요인이라는 것이 분명하다. 그토록 구체적인 문제에 있어서 혹자는 개인적인 경험에서부터 말하는 것을 양해할 수 없을지도 모르겠다. 여러 해 전 1924년 경에 잘 알려진 어느 철학자이자 신학자가 토마스 아퀴나스에 관한 나의 강연이 끝났을 때 나에게 말했다: "나는 그를 증오해요! 그는 나쁜 사람이에요." 증오란 철학적 논거가 아니다. 토미즘의 논적에 의해서 인용된 가장 단순한 이유들 가운데 하나는 또한 가장 흔한 것들 가운데 하나이기도 하다: 그것은 토미스트들은 도무지 '견딜 수 없다'는 것이다. 왜냐하면 그들은 자기-단언적이고 관용적이지 않기(...) 때문이다. 모든 토미스트들이 다 성인(聖人)인 것은 아니다라는 명제는 모르긴 몰라도 양해될 수 있을지 모른다. 하지만 그것이 토미즘의 내밀한 진리와 무슨 관계가 있단 말인가? 토미즘을 모든 철학자가 그 고유의 공로로 논해야 할 하나의 가르침으로 인정하는 데에 좀더 광범위하게 퍼져 있는 장애물이 있다. 그것은 '모두가 알고 있듯이' 토미즘은 진지하게 고려될 만한 가치가 없다는 것이다. 왜? 이 질문에는 수십 가지 상이한 대답들이 주어질 것이다: 그것은 '중세적'이다 ; 그것은 '신학'에 지나지 않는다; 그것은 데카르트에 의해 이미 논박된 아리스토텔레스를 재진술하는 것에 지나지 않는다; 그것은 '스콜라학적'(scholatic)이다[곧, 장황하다는 뜻이다]; 그것은 스스로를 '이해될 수 없거나' 아니면 적어도 그것을 이해하려고 수고해야 할 만한 가치가 없는 언어로 표현한다, 등등. 이 모든 구실들은 그토록 많은 '편견들'의 일부이다. 이런 대다수의 비판가들은 이성에 의존하는 것이 아니라, 의지에 의존한다. 그들 가운에 어떤 이들은 비열한 것과는 거리가 멀다. 예컨대, 혹자는 아우구스티누스가 자신의 모든 사변적 필요에 응답하기 때문에 토마스를 연구하기를 거부할지 모른다. 그러나 이 경우에 이것은 하나의 결론이 아니라, 하나의 전제이다. '사실적으로' 말해, 이런 모든 태도는 진리로서의 진리에 대한 사랑에 어긋나는 수많은 죄들이다. 그들이 게으름에서 영감을 받든, 진리에 대한 감추어진 두려움 때문이든, 교만에서든, 아니면 단순한 완고함 때문이든, 또는 고집불통 때문이든, 그들의 기원은 결국 의지에 달려 있다. 물론 올바른 정신을 지닌 철학자에게는 토미즘을 받아들이는 데 순수하게 사변적인 장애물을 발견하는 것이 가능하다. 사정이 이러하다면, 그 문제는 순수하게 철학적 성격을 띠게 된다. 그 해결책은 의지가 아니라 지성의 영역에 있다.

마스 자신이 이 점을 더할 수 없으리만치 간결한 용어로 말하고 있습니다. "어떤 사람이 어떤 사변적 학문의 습성을 소유하고 있다고 해서, 그가 [반드시] 그것을 사용하는 데에로 이끌리는 것은 아니고, 단지 자신이 지식을 소유하고 있는 것들 안에서 진리를 숙고할 수 있는 역량을 갖추고 있을 뿐이다."[11] 지성적 덕들을 사용하려는 경향은 지성 자체 안에서는 발견되지 않습니다. 그것은 의지에 자리잡고 있습니다. 그렇다면 왜 사람의 의지는 자신의 지성을 어떤 다른 것이 아니라 어느 특정 대상을 향하도록 만들어야 한단 말입니까? 그것은 이 사람의 갈망(渴望)의 대상들에 달려 있습니다. 만일 그가 진정한 철학자라면, 그가 갈망하는

---

11. "Ex hoc enim quod aliquis habet habitum scientiae speculativae, non inclinatur ad utendum, sed fit potens speculari verum in his quorum habet scientiam, sed quod utatur scientia habita, hoc est movente voluntate"(*ST*, I-II, q.57, a.1, Resp., in *Basic Writings*, II, p.430[=국역본: 이재룡 옮김, 81-83쪽]). 동일한 가르침이 『덕론』(De virtutibus in com., a.7)에서도 견지된다: "실상 인간이 지식을 가지고 있다는 것으로부터 참[진리]을 연구하려는 원의를 획득하는 것은 아니고, 다만 그 가능성을 획득할 뿐이다. 이처럼 참에 대한 고찰 자체는 원해진다고 해서 이미 학문인 것이 아니라, 직접적으로 대상으로 향하는 데 따라서 [비로소] 학문이 된다."(Non enim ex hoc quod homo habet scientiam, efficitur volens considerare verum, sed solummodo potens; unde et ipsa veri consideratio non est scientia in quantum est volita, sed secundum quod directe tendit in obiectum.) 똑같은 결론이 실천적 지성의 습성인 기예(技藝)에도 적용된다. 예술가는 예술 작품을 만들 수 있지만, 그가 그것들을 만들려는 경향은 그의 기예 안에 있지 않고, 그의 의지 안에 있다. 게으른 예술가 안에 예술적 생활이 있는 것 이상으로, 게으른 철학자 안에는 더 이상의 철학적 생활은 없다. 같은 텍스트의 다음 문장을 보라: "실상 이런 습성(習性)들을 통해 인간이 그것을 잘 사용하기를 원할 정도로 완성되는 것이 아니라, 다만 그렇게 될 가능성을 지니게 될 뿐이다."(non enim per hos [habitus] homo ad hoc perficitur, ut homo eis velit uti, sed solum ut ad hoc sit potens.) Cf. ad5. 이것이 바로, 진리의 인식 자체는 언제나 선한 데 반해, 진리 인식을 추구하는 데에서 갈망은 왜 악할 수도 있는지 그 이유이다.(*ST*, II-II, q.167, a.2) 그 자체로 언제나 선한 어떤 지성적 덕은 언제나 (그 사용과 적용을 지배하는) 욕구 능력의 행위와는 구별된다.(*ST*, II-II, q.166, a.2, ad2) 지식에 대한 정신의 적용을 조절하는 덕은 '면학성'(勉學性, studiositas)이다.(*ST*, II-II, q.166, a.1)

것은 지혜이고, 그가 철학자로서 생각하는 한에서 그의 지혜 사랑은, 그의 지성을 운동으로 설정하고 그의 탐색의 성공적인 달성을 향해 그의 모든 작용들을 지도하는 주요 동기(mainstream)일 것입니다. 이 점에 관한 토마스 아퀴나스 자신의 진정한 입장에 관해서는 논의가 가능하지 않습니다: 훌륭한 철학적 삶은 그 지성이 (그것을 그 모든 작용들의 목적인인 완전한 지혜를 향하도록 하는) 의지의 항구한 자극 아래에서 그 사변적 덕들 덕분에 선한 일을 하는 철학자의 삶입니다.

 이 결론에 대해 준비된 반론은, 그것이 토마스 아퀴나스를 아우구스티누스주의자로 만든다는 것입니다. 이 반론을 제기하는 자들은 사실상 토마스가 아우구스티누스주의자'였다'고 정확하게 주장하는 자들입니다. 이런 혼란스런 입장들은 정확히 우리의 의지가 개입하여, 말하자면 '우리의 마음을 결정하'도록 돕지 않는 한 명료화될 수 없습니다. 왜냐하면 이것이 우리가 일상생활의 실천적 문제들에서 뿐만 아니라 철학자로서의 사변적 생활에서도 가끔 해야 하는 일이기 때문입니다. 어떤 특정 대상에 의한 어떤 지성의 완전한 규정은 이 대상의 증거로, 혹은 이 지성이 그 증거라고 지각하는 것으로 한정됩니다. 감각 지각은 우리의 지성에 지각된 사물들과 (이 사물들의 본질을 가리키는) 우유적 성질들이라는 양측의 실존을 증거로 제시합니다. 그러나 그때조차도 이 본질들에 대한 그 어떤 적절한 지식도 우리의 수중에 있지 않습니다. 어떤 과학자가 어떤 결론에 동의해야 할 때, 심지어 모든 관련 사실들을 한데 모아 그것들에 대한 그의 해결책을 점검한 이후라고 하더라도, 그는 아직도 '자신의 마음을 정해야' 합니다. 어떤 이론도 그 알려진 모든 사실들에 완전하게 들어맞지 않습니다. 더욱이 언제나 더 이상의 사실들이 추가될 가능성이 남아 있습니다. 그렇다면 그들의 발견이 제시된 이론을 확인하리라는 보장이 있습니까? 다시 말해, 모든 과학적 이론은 요청(要請)들에 의존하고 있는데, 명백히 도전할 수 없는 요청들이 유익하게 도전을 받는 일이 과거에 일어났습니다. 결단의 시간에 한 지성의 동의(同意, assent)가 의지의 승인(承認, consent)을 구해야 하는 많은 이유들이 있습니다. 토마스 자신의 말을 들어 봅시다: "파악된 것들 가운데 어떤 것들은 어떤 이유로 지성으로 하여금 동의하거나 동의하지 않을 수 있게 하거나 또는 적어도 동의나 비동의를 유보할 수 있도록, 그렇게 지성을 확신시키지 못하는 것들이 있다. 이런 경우에 동의나 반대 자체는 우리의 권한에 속하고, 명령권에 들게 된다."[12]

과학자들에게 적용되는 동일한 언급은 철학자들과 형이상학자들에게도 적용됩니다. 절대적인 지성적 증거는 그 한계를 지니고 있습니다. 참으로, 제1원리들은 그 내용과 그 질서에 있어서 필연적으로 자명하고, 그래서 어떤 인간 지성도 그것들에

---

[12]. "Sunt autem quaedam apprehensa, quae non adeo convincunt intellectum, quin possit assentire vel dissentire, vel saltem assensum vel dissensum suspendere, propter aliquam causam: et in talibus assensus ipse vel dissensus in potestate nostra est, et sub imperio cadit."(*ST*, I-II, q.17, a.6, Resp., in *Basic Writings*, II, p.311[=국역본: 이상섭 옮김, 405쪽]) 이것은 특히 신앙의 덕의 경우에 사실이지만, 정식의 일반성은 절대적이다. 지성이 어떤 결론에 대해 그의 동의를 철회할 어떤 이유가 있기만 하면, "동의와 반대 자체는 우리의 권한에 속하고, 명령권에 들게 된다."(assensus ipse vel dissensus in potestate nostra et sub imperio cadit) 그때 문제 전체는 지성적 증거가 얼마나 멀리 절대적으로 확장되느냐는 것이다. '의당히'(de jure), 그것은 제1원리들의 증거에 필연적으로 연관되는 모든 것으로 확장된다. '사실상'(de facto) 그것은 실제로 그렇게 연관되는 것으로 확장된다. '유순함'(docilitas)의 덕은 정확히 자신의 정신을 가르침의 빛을 향해 열고, 비록 진리가 자신의 지성에 의해서 명백하게 보이기 전이라 하더라도 자신이 진리에 대해 수용적이 될 수 있도록 만드는 학생의 선한 의지에서 성립된다. 적어도 그것은 '방약무인하게'(protervus) 처신하지 않으려는 의지이다. 이 문제들에 대한 심리학적 탐구는 풍성한 결실을 낼 것이다. 진리를 향한 인간의 구체적인 행동 전체는 여기서 성 토마스에 의해서 규정된 일반적 규칙의 빛 속에서 유익하게 분석될 수 있을 것이다.

대해 잘못을 저지를 수 없습니다. 사실상, 과학자로서 자신이 작용인(作用因)이나 목적인(目的因)과는 아무 관계가 없다고 자부심을 가지고 선언하는 과학자조차도 자신의 실험실에 제 시간에 도착할 '수 있기 위해서' 그렇게 해야 하기 '때문에' 매일 아침 규칙적으로 일어납니다. 역설적인 사실은 정확히, 모든 사람이 제1원리들에 대한 지식에서 자연적으로 그리고 필연적으로 잘못을 저지를 수 없는 데 반해, 철학자들은 '그들이 그것들에 대해서 말하는 것(내용)'에서는 무류적(無謬的)이지 않다는 점입니다. 이 경우의 진실은, 철학자인 사람은 그들 자신의 지성보다 더 오류에 떨어질 수 있다는 것입니다. 다시 말해, 철학자들을 제외한다면 모든 사람은 제1진리들에 관하여 필연적으로 옳습니다.

　이것은 명백한 사실입니다. 얼마나 많은 시간을 철학자들은 인간 정신의 제1원리들 문제와 씨름하였습니까? 아리스토텔레스의 『형이상학』(*Metaphysica*) 제1권을 보십시오. 제1원리들에 관한 끝도 없는 오류 목록이 이어지고 있지 않습니까! 그것은 물인가요? 아니면 불? 또는 공기? 원자? 지성체? 이데아? 수? 토마스 아퀴나스 자신이 말하는 것처럼, 사람들은 한걸음 한걸음씩 (pedetentim) 그리고 수많은 오류를 연속적으로 극복하며 진리를 향해 전진해 왔습니다. 어떻게 우리는 이 집단적 진리 탐구의 주요 동기로서의 지혜 사랑이 인간의 지성을 언제나 더 순수한 빛을 향해 능동적으로 움직이고 있다는 것을 보는 데 실패할 수 있단 말입니까? 이것은 천품(天稟)의 문제가 아닙니다. 플라톤(Plato)조차도 완벽하게 옳지 못했지만, 우리는 아직도 그를 모든 시대의 가장 위대한 인간 지성 가운데 하나로 간주합니다. 그리고 아리스토텔레스에 의한 제1원리들의 뒤늦은 발견조차도 모든 형이상학적 머뭇거림들을 끝장냈다고 상상해서도 안 됩니다. 만일 사정이 이러하다면, 철학의 역사는 아리스토텔레스의

『형이상학』으로 끝났을 것입니다. 그러나 실제로는 그렇지 않았습니다. 아리스토텔레스 이후에 아직도 토마스 아퀴나스를 위한 여지가 있었고, 인류는 모든 형이상학자들 가운데 가장 위대한 이 형이상학자로부터 '존재'(存在, esse)라는 단어의 충만한 실존적 함의를 배우기 위해 2,000년을 기다려야 했습니다. 이것으로 끝이 아닙니다. 왜냐하면 그것은 진리가 발견된 이후에, 그것을 발견하는 데 요구된 것 못지않게 항구한, 그것을 보존하려는 의지를 요구하기 때문입니다. 철학적 진리는, 그것이 발견될 필요가 있기 때문에, 특히 (그 직접적인 지성적 증거가 그 내용의 남김없는 포괄성을 포함하고 있는 것은 아닌) 제1진리들과 관련해서 언제나 상실될 위험에 노출되어 있습니다. 참으로, 존재자(存在者, ens) 인간의 지성이 가장 먼저 만나게 되는 것이지만, 또한 동시에 철학자가 충만하게 이해하고 적절하게 표현하기를 희망하는 마지막 대상이기도 합니다. 그것을 알게 된 사람들에게는 '존재자'가 제1원리라는 것이 명백합니다. 그리고 모든 존재자가 그것인 바여서 그것이 그것 자체이면서 동시에 어떤 다른 것일 수 없다는 것도 역시 명백합니다. '하나의 존재자'라는 것이 무엇이냐에 관해서 필연적인 대답은 그것이 '존재하는 것'(esse, to be)이라는 것입니다. 도대체 이 모든 것이 확실하지만, '존재한다'(esse, to be)는 것은 과연 무엇이란 말인가요?

아리스토텔레스는 이것이 그 자신의 시대에 이미 오래된 문제라고 말했습니다.[13] 오늘날 그것은 아리스토텔레스의 시대보

---

13. Aristoteles, *Metaphycica*, VII, 1, 1028b2-7: "그리고 정말, 예나 지금이나 늘 묻지만, 늘 대답하기 어려운 물음은 '존재란 무엇인가?' 다시 말해 '실체(ousia)란 무엇인가?'라는 물음이다."[=국역본: 아리스토텔레스, 『형이상학』, 김진성 옮김, 이제이북스, 2007, 285쪽]. Cf. Joseph Owens, CSsR, *The Doctrine of Being in the Aristotelian 'Metaphysics'*, Toronto, Pontifical Institute of Mediaeval Studies, 1951, ch.5.[* '존재'에 관한 질송 자신의 보다

다 2,300년이 더 지났는데도, 그것은 아직도 끝장난 문제(dead question)가 아닙니다. 참으로 진리가 아직 발견되지 않았다는 것이 아니라, 그것이 모두에게 발견된 것이 아니기 때문입니다. 존재가 제1원리라는 것을 받아들이는 것은 필연적으로 존재의 본성을 받아들이는 것이 아닙니다. '존재'는 어떤 원인의 작용에 의해서 실존하게 된 실체(實體, substantia)인가요? 아니면 '존재'는 실존이 그것에 하나의 우유(偶有, accidens)로서 부가되는 본질인가요? 아니면 존재의 현실적 실존은 그 본질의 한 양태인가요? 혹은 존재란 그 고유의 존재의 고유 현실입니까? '존재'는 본질과 존재의 실재적 합성을 포함하고 있습니까, 아니면 '존재'의 구전적(俱全的, integral) 구성요소들은 단순한 이성의 구별에 의해서 서로 구별됩니까? 철학자들은 토마스 아퀴나스가 그것들에 관해 말한 것에 대해서 자신들이 언제나 동의하지는 않는 이 요점들을 두고 의견 일치를 보는 것과는 거리가 멉니다. 바로 제1원리의 의미에 관해 '토미스트들' 가운데 그토록 많은 논의가 있어 왔다는 사실이야말로, 그들 자신이 그것에 관하여 말하는 것에 오류가 있을 수 있다는 확실한 표지입니다. 우리는 확실하게 존재가 '제1원리들' 가운데 첫째라고 알고 있습니다: 이것은 어쨌든 우리에게 사고를 위한 음식을 제공하는 사실입니다; 참으로, 토마스 아퀴나스는 왜 그토록 자주 [단수가 아닌] '복수로' '제1원리들'이라고 말하는 것일까요? 그러나 많은 토미스트들은 어느 것이 두 번째 제1원리인지에 대해서조차 동의할 수 없습니다: 그것은 동일률(同一律)일까요, 아니면 모순률(矛盾律)일까요? 개인적으로 말하자면, 나에게는 그것이 동일률이라는 것이

결정적이고 충분한 논의를 보기 위해서는: 에티엔 질송, 「존재자와 존재」, 『중세철학』 제27호(2021), 277-334쪽 참조].

명백합니다. 그러나 그렇다면 나의 다음 질문은 이것입니다: 우리는 왜 이 점에 관해 모두 동의하지 않는 것일까요? 제1원리에 대한 그들의 해석에서 왜 다른 형이상학자들은 우리의 제1원리 해석에 동의하지 않는 것인지를 물을 때, 우리의 궁핍한 동료들은 증거에 맹목적이라고 대답하는 쪽으로 기우는 것을 느끼게 됩니다! 그러나 하나의 명제가 '제1 원리'가 되기 위해서 채워야 하는 바로 제1 조건은 '아무도 그것에 관해서 거짓을 말하거나 속을 수 없다'는 것입니다.[14] 증거는, 어떤 정상적인 지성도 그것에 관해 맹목적일 수 없는 그런 지식입니다.

왜 차라리, 제1원리들이 최고로 가지적이기 때문에 이 명백하고 필연적인 자연적 이성의 규칙들이 우리의 지성에 대해 가지는 관계가 햇빛과 박쥐의 눈 사이의 관계와 같다는 것을 인정하지 않습니까? 형이상학자들은 여기서 지나치게 많은 어두움 속에서와 마찬가지로 지나치게 많은 빛 속에서 자신의 길을 더듬어 찾고 있는 중입니다. 형이상학은 어려운 학문입니다. 사실

---

14. 우리의 논거 전체는 '사실'(de facto) 논거이다. 그것을 논박하는 유일한 길은 토마스 자신에 의해서 검증된, 인간 인식의 제1원리의 본성과 함의에 대해서 철학자들 사이에 자리잡는 사실적인 의견불일치에 대한 방대한 역사적 증거를 뒤집어엎는 셈이 될 것이다. 토마스 아퀴나스가 이 점에 관해서 명백히 옳다고 확신하면 할수록(개인적으로 나는 그것에 대해 절대적으로 확신하고 있다) 그만큼 더 우리가 처하고 있는 이 역설적인 상황에 관심을 기울여야 한다: 만일 토마스 아퀴나스의 '존재를 가지고 있는'(habens esse) 존재자가, 인간 지성의 직접적이고 필연적인 증거라면, 어떻게 그토록 많은 철학자들이 그 증거를 보는 데 실패하는 것일까? 그것은 제1원리에 관한 것이기 때문에, 필연적으로 그리고 명백히 각각의 인간 지성에 의해 포착되어야 하는데, 그 많은 사람들이 어떤 명제에 관해 실제로 속는 일이 어떻게 일어난단 말인가?(*In Metaph.*, IV, lect.6, ed. Cathala, n.537) 사실들만이 문제의 실존에 책임이 있고, 우리 가운데 그 누구도 그가 그것에 대해 '손쉽게'(single handed) 완전히 정확한 대답을 줄 것이라고 상상하지는 않을 것이다. 그러나 '그 어떤' 실제적 문제도 직면하기를 거절하는 것은, 우리 측에서 볼 때, 토마스 아퀴나스에 대해 상상할 수 있는 최악의 배신이 될 것이다.

상, 토마스는 그것이 모든 학문 가운데 가장 어렵고, 형이상학자들 자신은 이 사실을 너무도 잘 알고 있다고 말합니다. 그래서 그들 가운데 가장 현명한 이들은 자신의 때를 기다리지만, 시간이 부족하다는 것을 깨달을 때 그들도 역시 '그들의 마음을 결정해야' 하는데, 조급함에서나 인위적인 방식으로가 아니라, 반대로 그들의 인내심 강한 지혜 사랑에 그 보답을 받을 자격이 주어지기 때문입니다. 진리 안에서 명백한 것에 대해 우리의 지성은 동의하지 않을 수 없습니다. 그 안에서 구속력 있게 명백한 것은 아니지만 그 자체로 지성에 가장 높은 합리성의 표현으로 제공되는 것에 대해서는 우리의 사랑이 그 갈망의 대상에 대해서처럼 동의할 것을 요구합니다. 이런 동의보다 더 합리적인 것은 없습니다. 빛이 완전하지 않은 곳에서조차도 그것에 동의하지 않는 것은 여전히 그 빛을 거슬러 죄를 짓는 것입니다.

[3. 성 토마스의 모범]

그것은 적어도 토마스 아퀴나스가 결코 저지른 적이 없는 죄입니다. 그에게 지혜란 철학이 아니고, 심지어 신학도 아니었습니다. 그 유일하게 완전한 형식에 있어서 지혜는 그리스도였습니다.[15] 그러나 그는 그리스인들에게, 그리고 그들 이후의 다른 많은 이들에게도, 가장 높은 것으로 알려진 지혜의 형식은 형이

---

15. "다양한 사람들에 의해서 지혜에 대하여, 지혜가 무엇인지에 대하여 발설된 많은 명제들 가운데에서 유독 튼튼하고 참된 명제를 [바오로] 사도가 선포하였다: '그리스도는 하느님의 힘이시고 지혜이시며, 하느님에게서 우리에게 오는 지혜가 되셨다.'"(Inter multas sententias quae a diversis prodierunt, quid scilicet esset vera sapientia, unam singulariter firmam et veram Apostolus protulit dicens Christum Die virtutem et Dei sapientiam, qui etiam factus est nobis sapientia a Deo)(Thomas Aquinas, In Sent., I, Prol.) 사도 바오로의 편지에 대한 인용은: 1코린 1,24.30.

상학이었다는 것을 알고 있었고, 그는 이 학문이 인간에 의해서 자연적으로 획득될 수 있는 가장 완전한 형식의 지혜라는 데 충만히 동조하였습니다. 토마스는 심지어 왜 피타고라스(Pythagoras)가 자기 자신을 현명한 사람이라고 부르기보다는 '지혜를 사랑하는 자'라고 부르기를 선호하였는지도 알았습니다. 왜냐하면 사람이 아무리 힘껏 지혜에 도달하려고 노력한다고 하더라도, 자신이 진리에 도달했다고 말하는 것은 언제나 주제 넘는 일이기 때문입니다. 참된 철학자는 오직 지혜를 그 자체 때문에 사랑하는 사람입니다. 왜냐하면 그것을 어떤 다른 것 때문에 사랑하는 것은 지혜를 사랑하는 것이 아니라 바로 그 다른 어떤 것을 사랑하는 것이기 때문입니다. 토마스는 지혜를, 그 모든 형식에서, 그 모든 등급에서, (사도 바오로에 따르면 그리스도 자신인) 절대적인 지혜 때문에 사랑하는 이였습니다. 그것은 (50세도 채 되기 전에 세상을 떠난 한 사람에 의해서 쓰인 그의 〈전집〉의 웅장한 기념비 안에서 오늘날까지도 아직 우리에게 말하고 있는) 그의 지성만이 아니라 인간 전체로서 지치지 않고 활동적인 토마스 아퀴나스의 사랑입니다. 만일 내가 우리의 스승에 의해서 우리에게 주어진 주요 모범을 요약하라는 부탁을 받는다면, 나는 이렇게 대답할 것입니다: 그것은 '진리에 대한 절대적인 지성적 존중심을 품은, 철저히 알려는 의지의 모범'입니다. 확실히 그의 가르침은 활동보다는 관상(觀想, contemplatio)의 우위를 가르칩니다. 하지만 그의 생애의 비범한 노고는 우리로 하여금 토마스가 참으로 마리아(Maria)였던 것 못지않게 마르타(Martha)였다고 생각하도록 초대합니다. 이 점에 대해서 실수하지 않도록 조심하기로 합시다. 일일이 언급하자면 너무도 길어질 다른 수많은 논고들은 차치하더라도 『신학대전』과 아리스토텔레스에 대한 주해서들, 그리고 『명제집』에 관한 주해서를 쓴다는 것은 비범한 활동생활을 요하는 일이었습니다. 그러나 이 모든 작품들을 신속하게 집필하는 정신은 우리에게 그 규모보다도 더 교훈적입니다. 그리고 우리가 이 강연에서 배워야 하는 것은 바로 여기입니다.

토마스의 타협할 줄 모르는 진리 사랑의 첫 결과는, 내가 그의 철학에 관해 말하고 있는 중이기 때문에 그렇게 부르고 싶은, 그의 가르침의 '철학적 순결함'(philosophical purity)입니다. 철학적 사고가 불순한 데에는 수백 가지 길이 있습니다: 그것은 문학적 용이성, (고상하지만, 자리에 맞지 않는) 느낌들, (실재 인식보다는 자기 일관성에 더 관심을 기울이는) 체계적인 사고 등에 빠져 있을 수 있습니다. 그러나 이 불순성들은 모두 동일한 원천에서부터 나옵니다. 토마스는 언제나 사태가 정확히 어떠한지를 알려고 했고, 진리를 인식함으로써 그것에 적절한 표현을 주려고 노력했습니다. 철학은 이런 의지와는 '다른 어떤 동기'에 의해서 촉발되자마자 불순해집니다. 그 사실에 대한 확실한 표지는 그가 죽은 뒤에 벌어진 일들은 차치하더라도 그가 생시에 맞닥뜨려야 했던 반대들의 본성에서 잘 드러납니다. 아우구스티누스의 일부 제자들은 토마스가 지나치게 철학자라고 비난하는가 하면, 동시에 아리스토텔레스의 일부 제자들은 토마스가 지나치게 신학자라고 비난하였습니다. 그러나 토마스는 아우구스티누스주의자들 못지않게 아우구스티누스를 잘 알았고, 대부분의 아리스토텔레스주의자들보다 더 아리스토텔레스를 잘 알고 있었습니다. 아우구스티누스가 올바르게 말한 곳에서는 토마스는 아우구스티누스가 옳았다고 말할 것이고, 아리스토텔레스가 옳았던 곳에서는 아리스토텔레스에게 동조할 것입니다. 그러나 아우구스티누스와 아리스토텔레스가 전혀 옳지 못한 곳에서는 토마스는 단순하게 참된 것, 곧 그들 자신이 완전하게 올바르기 위해서 말했어야 했던 것을 말할 것입니다. 이런 태도의 명백한 결과는 뻔히 예견될 수 있는 것이었습니다. 아우구스티누스주의자들은 토마스가 아우구스티누스를 배신하였다고 말했고, 아리스토텔레스주의자들은 토마스 자신의 철학이 '철학자'의 가르침에 대한 오해에 지나지 않는다고 말했습니다. 우리 가운데 소수의 사람들만이 이런 순수한 진리 사랑, 곧 아리스토텔레스와 아우구스티누스를 증진시킬 수 있으면서도 동시에 그들을 믿기에는 자기 자신의 발견들로 충분히 냉정할 줄 알았던 천재를 상상할 수 있을 뿐입니다! 그러나 우리가 만일 토마스 아퀴나스의 진정한 제자이기를 원한다면, 우리 각자는 얼마간의 자기 역량 안에서 이 모범, 곧 끈질기게 진리 뒤에 자신을 감추는 모범을 따를 준비가 되어 있어야 합니다. 우리 자신이 아니라, 진리가 중요한 것입니다. 왜 우리는 나머지에 대해서 염려해야 할까요? 플라톤의 시대 이래로 시장터에서 궤변가(詭辯家, sophistes)들에 의해서 펼쳐지는 장관에 박수를 치는 시끄러운 군중이 늘 있어 왔습니다. 토마스는 새로우면서도 올바르게 진리가 위탁되는 몇 안 되는 철학자들 가운데 가장 위대한 철학자입니다. 만일 우리가 새로울 수 없다면, 최소한 올바르기라도 합시다.

우리가 그의 모범을 따를 수 있는 유일한 길은, 그의 철학을 배우는 동안에 그의 도움을 받아 철학자를 그 이름에 걸맞도록 만들어 주는 몇몇 도덕적 덕을 획득하는 것입니다. 우리 가운데 그의 가르침을 가르치는 이들은 언제나 그를 '무엇을 생각하느냐'의 모범일 뿐만 아니라 또한 '어떻게 생각하느냐'의 모범으로도 사용하도록 세심히 주의해야 합니다. 토마스 아퀴나스를 읽는 동안 나는 때때로 화이트헤드(Whitehead)의 다음과 같은 언급을 떠올리곤 했습니다(여기에 인용하기는 하지만, 그가 실제로 그것을 글로 쓴 적이 있는지는 확신할 수가 없습니다): "철학자의 첫째 덕목은 선량한 기질을 가지는 것입니다." 그가, 그의 모든 친구들이 한결같이 기억하는 저 온화한 미소와 함께 그 말을 내게 했을 때, 화이트헤드는 분명 철학자는 어떤 기질을 가지는 것이 허용되지 않는다고 말하려던 것이 아니었습니다. 그는 철학에서 어떤 기질도 가져서는 안 된다고 말하려는 것이었습니다. 토마스는 "가르침은 평온함 가운데 있어야 한다"(Doctrina debet esse in tranquillitate)고 말합니다. 철학자의 정신은 평화로워야 한다는 것입니다. 철학에서 어떤 기질을 갖지 않는다는 것은 어떤 관념에 대해 결코 분노해서는 안 된다는 것을 의미합니다. 그것은 무엇보다 먼저, 완전히 바보같은(silly) 짓이며, 무엇보다도 철학자의 유일한 과업은 '이해하는'(comprehendere) 일입니다. 지혜 탐구에서 철학자에게 요구되는 의지의 저 엄청난 도덕적 노력은 (자칫 학문과 이해의 덕들의 자유로운 활동을 방해할 수도 있는) 혼란스럽게 만드는 모든 영향들로부터 자신의 지성을 보호하는 것 외에는 다른 어떤 목적도 가지고 있지 않습니다. 선량한 기질을 가진 철학자는 결코 어떤 사람에게서 어떤 관념을 제거하기 위해 공격하지 않습니다. 그는 자신이 정확하게 이해했다고 확신할 수 없는 것을 비판하지 않습니다. 그는 반론들을, 논의할 가치가 없다고 함부로 내려놓지 않는다. 그는 그 논거들을 거기에 사용된 용어들이 필연적으로 말하는 것 보다 더 이치에 맞지 않는 것으로 간주하지 않습니다. 반면에, 그의 관심사가 오로지 진리이고 오직 그뿐이기 때문에, 그의 유일한 염려는 모든 오류 속에 아무리 진리가 조금밖에 들어 있지 않더라도 정당히 취급하는 것이 될 것입니다. 토마스 아퀴나스의 진정한 제자에게 오류를 파괴할 수 있는 유일한 길은 그것을 통해 아는 것, 다시 말해 그것을 정확히 오류'로서'(qua) 이해하는 것입니다. 철학에서 오류보다 더 나쁜 유일한 것이 있습니다. 그것은 어떤 사람들이 자기들이 이해하지 못하는 것을 씩씩하게 단죄하면서, 그것을 '논박'이라고 부르고자 하는 것입니다. 토마스는 결코 그런 실수를 저지르지 않았습니다. 그가 논의하는 것은, 어떤 사람이 말한 것을 그 말들이 함유할 수 있는 가장 이해 가능한 의미로 이해되는 내용입니다. 일단 그 의미가 확실해지면, 토마스는 언제나 논적(論敵)의 견해에 대해 제 나름의 일정한 이론적 기준에 따른 어떤 자리를 배정하면서 논박합니다. 토마스 아퀴나스에게 친숙한 이라면 누구나 이 기준들의 의미를 알 것입니다. 그것들은 오류와의 근접성에 따라서 이론들을 분류하는 것이 아니라 진리로부터의 멀어짐에 따라서 분류합니다. 이렇게 이해될 때에는 오류조차도 일정한 의미를 지니게 되고, 그것이 이해의 한 행위이기 때문에, 그것을 불완전한 진리라고 배척하는 것은 평온한 일이 됩니다: "가르침은 평온함 가운데 있어야 한다."(Doctrina debet esse in tranquillitate.)[16]

이 안에는 눈에 보이는 것 이상이 있습니다. 진리(眞理)에 대한 무조건적인 존중은 우리로 하여금 그것을 우리의 논적들의 언명 안에서뿐만 아니라 우리의 친구들의 언명 안에서도 바라보도록 의무지웁니다. 이것은 불필요한 권고인 것처럼 나타날지 모르지만, 실제로는 그렇지 않습니다. 그것은 우리가 철학자가 그가 말하는 것의 진리성(眞理性)과는 다른 어떤 이유에서 말하는 것을 결코 받아들여서는 안 된다는 것을 의미합니다. 토마스는 이렇게 말합니다: "관념들을 존중하라. 그러나 그것을 표현하는 사람

---

16. Thomas Aquinas, *In Joan. Evang.*, cap.13, lect.13, n.1, in Vives ed., vol.20, p.209. 동일한 가르침이 또한 『대이교도대전』(I, 4)과 아리스토텔레스의 『자연학』(VII, 3, 247b9)에서도 발견된다. Cf. A. C. Pegis, *The Wisdom of Catholicism*, p.295. 토마스는 이것이 바로 "젊음 안에서 영혼이 정념의 다양한 움직임들에 의해서 흔들릴 때, 그것은 그런 고상한 진리 인식을 위해서는 적절하지 않은 상태인" 까닭이라고 보았다.

때문이 아니라, 그것들을 기억할 만하게 만드는 유일한 것인 그 이치에 맞음 때문에 존중하라."[17] 진정한 토미스트는 토마스 자신을 이 규칙에서 열외시키지 않을 것입니다. 그에 대한 우리의 찬탄이 그가 말하는 것의 '온당함'(reasonableness)을 정당화하는 것이 아니라, 그가 말한 것의 온당함이 그에 대한 우리의 찬탄을 정당화하게 하라는 것입니다. 당연히 그가 번번이 옳다는 것을 확인한 다음에 우리는 근거를 가지고 그가 계속해서 옳으리라고 기대할 수 있습니다. 그러나 이 느낌은 우리 측에서의 어떤 철학적 승인을 정당화할 수 없습니다. 우리가 명료하게 이해하지 못하거나 그가 어떻게 해서 옳은지를 명료하게 알지 못한다면, 우리가 그를 신뢰할 수 있는 유일한 길은 '나는 그를 이해하지 못하지만 그는 옳다'고 말하지 않는 것입니다. 그때 토미스트의 유일하게 참된 태도가 있다면, 그것은 다음과 같은 다른 권고를 따르는 것입니다: "읽는 내용을 이해하도록 힘써라. 그리고 의심스러운 것들에 대해서는 확실히 해두어라."[18] 그러나 어떤 이들은 이렇게 말할 것입니다: '우리가 이 요점들을 확실하게 만들 수 없다면, 무슨 소용이란 말인가?' 이런 사람들을 위해서 토마스는 아직도 또 다른 권고를 하고 있습니다: "네 역량을 넘는 일에 지나치게 관심을 기울이지 말아라."[19] 그렇지만 나는 개인적으로 감히 한 가지를 덧붙이고 싶습니다: 형이상학이 당신이 파악할 수 있

---

17. Thomas Aquinas, *Ep. exhort. de modo studendi*; tr. Eng.: *A Letter on the Rule of Life of a Scholar*, Milwaukee, Marquette Univertsity Press, 1937. 참조: 바티스타 몬딘, 「연구/면학성」, 『성 토마스 개념사전』, 이재룡-안소근-윤주현 옮김, 한국성토마스연구소, 2021, 441-442쪽. 이 책의 "부록2"에 그 전문이 실려 있다.
18. "ea quae legis et audis, fac ut intelligas; de dubiis te certifica."(Ibid)
19. "altiora te ne quaesieris."(Ibid) 『신학대전』 제2부 제2편 제167문 제1절에 인용된 집회서 3장 22절 참조. 거기에서는 이 탓이 규정된 악습인 '호기심'(curiositas)의 다양한 형식들 가운데에서 거론되고 있다.

는 범위를 넘는다고 성급히 단정하지 마십시오. 지혜 탐구는 느린 작업이고, 좀 더 영리한 학생들이 언제나 최고의 철학자들인 것은 아닙니다. 나는 젊은 토마스의 여러 동료 학생들이 반에서 많은 것을 말할 수 있었는데 반해, 토마스 자신은 '벙어리 황소'(dumb ox)였다는 것을 머릿속에 그립니다. 그리고 놀라지 마십시오: 다른 학생들은 말을 하고 있었지만, 그는 '이해하려고' 노력하고 있었습니다!

우리가 그토록 경탄해서 함축적으로 신뢰하고 있는 철학자들 가운데 가장 위험한 사람은 우리 자신들입니다. 비록 그것이 완전히 인간적인 것이라 해도, 어떤 사람이 스스로를 토마스 아퀴나스와 동일시하고, 마치 그 자신에게 반대하는 것과 토마스에게 반대하는 것이 동일한 한 가지인 것처럼 논거를 펴기 시작할 때, 그는 실증적으로 위험해지게 됩니다. 이것은 적어도 진정한 토미스트로서 처신하는 것이 아닙니다. 왜냐하면 토마스 자신은 궁극적으로 자만을 싫어했기 때문입니다. 그는 결코 회의주의자가 아니지만, 그는 "인간의 이성적 탐구가 대부분 거짓과 뒤섞여 있다"는 것을 알고 있었습니다. 그것은 부분적으로는 "판단에 있어서의 우리 지성의 나약성"(debilitas intellectus nostri in iudicando) 때문이기도 하고, 또 부분적으로는 "영상들의 뒤섞임"(phantasmatum permixtio) 때문이기도 합니다.[20] 토마스는, 그들이 이 사실을 심하게 망각하였기 때문에 자기-주장적이 될 수 있고 또 자기 자신을 얼마간 지나치게 진지하게 여길 수도 있다고 고발 하였습니다: "왜냐하면 자신의 지성으로, 자기 자신에게 그렇게 보이는 모든 것은 그대로 진리이고 그렇게 보이지 않

---

20. "investigationi rationis humanae plerumque falsitas admiscetur."(ScG, I, 4, n.25, in Pegis, *The Wisdom of Catholicism*, p.296[=국역본:『대이교도대전 I』, 신창석 역주, 분도출판사, 2015, 121쪽]).

는 것은 허위라고 믿음으로써, 사물들의 본성을 남김없이 측정할 수 있다고 믿는 만큼 자신의 재능을 자만하는 사람들이 있기 때문이다.""[21] 만일 토마스 자신의 정신 안에서 철학적인 삶이 그것의 성공을 위해 도덕적 덕에 의존한다는 것이 의문에 부쳐질 수 있다면, 모든 의심은 지혜 탐구에 대한 그의 정의에 의해서 제거될 것입니다: "겸손한 진리 탐구."[22]

이것이 바로, 절도(節度. modestia)를 회의주의로 착각하는 사람들과 그토록 다르고 또 집회서(18,7)에서 "인간이 그 일을 끝냈다고 생각할 때가 바로 시작"임을 알고 있는 현명한 사람과 유사한 진정한 토마스입니다. 자신의 스승인 아우구스티누스처럼 토마스 아퀴나스는 여기서 우리를 "진리를 추구하는 태세가, 알지 못하는 것들을 알고 있다고 자만하는 것보다 더 안전하다"는 것을 깨닫도록 초대하고 있습니다. 여기에 아우구스티누스는 다음과 같은 유명한 말을 덧붙입니다: "그러므로 진리를 탐구할 때에는 반드시 발견해 내겠다는 각오로 임하고, 또 진리를 발견하면 더더욱 탐구하겠다는 각오로 임하기로 하자."[23] 토마스 아

---

21. "Sunt enim quidam tantum de suo ingenio praesumentes ut totam rerum naturam se reputent suo intellectu posse metiri, aestimantes scilicet totum esse verum quod eis videtur et falsum quod eis non videtur."(*ScG*, I, 5, n.31, in A. C. Pegis, *The Wisdom of Catholicism*, pp.297-298[=국역본: 신창석 역주, 127쪽]).
22. "modestam inquisitionem veritatis"(Ibid., p.298). 토마스는 이렇게 말한다: 이것이 바로 왜 하느님이 인간 이성이 검토할 수 없는 어떤 진리들을 믿음을 위해 사람들에게 적절하게 제시하였는지 그 이유들 가운데 하나이다: 그것은 자만을 억제한다.
23. "Sic ergo quaeramus tamquam inventuri, et sic inveniamus tamquam quaesituri".(Augustinus, *De Trin*., IX, 1, Migne, *PG*, vol.42, col.961) 이 텍스트는 두드러지게 그가 삼위일체의 신비에 관해 믿는 것을 '이해'하려는 그리스도교적 모색의 경우에 적용한다: "확실한 신앙이 인식을 출발시키는 것이 사실이지만, 확실한 인식은 이승을 떠난 후에, 곧 '얼굴과 얼굴을 마주볼' 때에야 비로소 완성된다."(Certa enim fides utcumque inchoat cognitionem; cognitio vero certa non perficietur, nisi post hanc vitam, cum videbimus

퀴나스 자신은, 우리의 인간적 확실성들 가운데 가장 확실한 것의 이런 불완전한 성격이 필연적으로 인간의 현세 조건에 매여 있다는 것을 분명하게 보았습니다: "어떤 사물이 완성을 향해 움직이는 한, 그것은 아직 그 궁극적 목적에 도달하지 못한 것이다. 그런데 모든 인간은 진리 인식에 있어서 언제나 그 완성을 향해 움직여가고 또 그것으로 기우는 상태에 있다. 왜냐하면 『형이상학』에서 말하는 것처럼, 진리를 좇는 이들은 앞선 이들이 발견한 것들에 덧붙여 어떤 것을 더 발견하기 때문이다."[24] 자기 자신이 진리 인식과 관련된 다른 조건 속에 있는 것을 상상하는 것은, 현세의 인간에게는 스스로를 이미 자신의 궁극적 목적을 소유하고 있는 것으로 상상하는 것이 될 것입니다.

하지만 사실상 아무도 그렇지[궁극적 목적을 소유하고 있지] 못합니다. 그리고 심지어 겸손하게 진리를 추구하는 이들 가운데에서조차 극소수의 사람들만이 이성의 힘에 의존해서 그것을 발견합니다. 그것은 다만 소수의 사람들만이 그런 과제에 착수할 지능, 여유 또는 용기를 지니고 있기 때문이 아니라, 무엇보다도 "하느님이 사람들의 정신 속에 지식을 향한 자연적인 욕구

---

facie ad faciem.) 그러나 아우구스티누스의 언급은 지혜로서의 지혜에 대한 탐구에 못지않게 잘 적용된다. 토마스 아퀴나스 자신에 따르면, 그러면 그럴수록 현세에서의 인간에게는 완벽하게 그것에 도달하는 것이 불가능하다. 다음 각주에서 인용되는 텍스트 참조.

24. "Quamdiu aliquid movetur ad perfectionem, nondum est in ultimo fine. Sed omnes homines in cognoscendo veritatem semper se habent ut moti et tendentes ad perfectionem: quia illi qui sequuntur, superinveniunt aliqua illis quae a prioribus sunt inventa, sicut etiam dicitur in II Metaphysicae."(Thomas Aquinas, *ScG*, III, 48, n.2258, in A. C. Pegis, *The Wisdom of Catholicism*, p.313[=국역본: 『대이교도대전 III-1』, 김율 옮김, 분도출판사, 2019, 441-443쪽]) Cf. Aristoteles, *Metaphysica*, I, 1, 993a12. 아퀴나스가 사용한 지향적으로 조심스러운 표현들에 주목하라: "그러므로 현세에서의 인간의 최고의 행복은 (그것을 통해 진리 인식을 추구하는) 사변(思辨)에서 성립되는 것으로 보이기 때문에, ..."

를 주셨음에도 불구하고, '오로지 지식에 대한 사랑 때문에' 그런 수고를 겪고자 하는 이들이 거의 없기" 때문입니다.[25] 그렇다면 지성적 생활은 그것이 지식이기 때문에 '지성적'이지만, 그것이 사랑이기 때문에 "생활"입니다. 만일 우리가 지식에 대한 단순한 사랑 때문에 평생에 걸친 수고를 기꺼이 겪고자 하는 저 소수에 들지 않는다면, 그렇더라도 우리는 얼마든지 토미즘의 지식에 정통한 똑똑한 학생, 위대한 교수 또는 학자일 수 있을 것이지만, 토마스 아퀴나스의 진정한 제자가 되는 일은 시작조차 못했을 것입니다.(*)

---

25. "Quem quidem laborem pauci subire volunt pro amore scientiae, cuius tamen mentibus hominum naturalem Deus inseruit appetitum."(*ScG* I, 4, n.23. in A. C. Pegis, *The Wisdom of Catholicism*, p.295[=국역본: 신창석 역주, 119쪽] 하느님에 의해서 사람들의 정신 속에 주입된 이 '인식을 위한 자연적 욕구'는 진리를 향한 지성의 자연적 경향으로 이해될 수도 있고 인식을 갈망하지 않을 수 없는 의지의 자연적 욕구로 이해될 수도 있다. 페라렌시스는 그의 『대이교도대전 주해』(I, 4, Leon. ed., vol.13, p.12)에서 두 번째 해석을 선호한다: "그러므로 그 욕구는, 그것에 의해서 의지가 반대편으로 옮길 수 없는 인식을 의도적으로 자신에게 가져오는, 의지의 어떤 자연적 행위이다."(ideo dicendus est iste appetitus esse naturalis quidam actus voluntatis, quo voluntas in propositam sibi cognitionem fertur ita quod in oppositum ferri non potest.) 두 가지 해석이 모두 참되다. 그러나 좀 더 깊은 해석이라 할 수 있는 두 번째 해석이 『신학대전』 제2부 제1편 제10문 제1절에서 확증되고 있다. 거기서 토마스는 이렇게 말하고 있다. 의지는 선을 일반적인 방식으로만 갈망하는 것이 아니라, 또한 예컨대 "지성에 적합한 진리 인식, 존재, 삶" 등과 같이 "각각의 능력에 그리고 인간 전체에 속하는 것도" 갈망한다. 이 지식에 대한 갈망은 그토록 명확하게 욕구 속에 자리잡고 있어서, 어떤 도덕적 덕, 곧 '면학성'(studiositas)에 의해서 규제될 필요가 있다.(위의 각주 8번 참조) 이 덕의 주요 결과는 사물들을 알려는 우리의 자연적 갈망에 대해 어떤 특정 억제를 실행하는 것이다. 그것이 이 갈망으로 하여금 절도(節度)를 잃어버리지 못하게 막기 때문에, 면학성은 절제라는 주덕과 연관된 예속된 덕이다. 둘째, 그것은 지식 획득을 위해 요구되는 수고를 극복할 우리의 적합성을 가리킨다.(*ST*, II-II, q.166, a.2, c et ad3) 그러므로 토마스가 『대이교도대전』(I, 4)에서 말하고 있는 지식을 향한 자연적 욕구는 진리를 향한 지성의 자연적 경향으로 이해되어야 할 뿐만 아니라, 또한 선 일반을 향한 인간의 갈망의 일부로도 이해되어야 한다.

제2강
철학사와 철학교육
《아퀴나스강연-12: 1948년》

12번째 《아퀴나스강연》(Aquinas Lecture): 1947

철학(哲學, philosophia)이라는 이름 자체가 '지혜 사랑'(amor sapientia)을 의미합니다. 철학을 한다는 것은 일관된 성찰의 노력을 통해 지혜(智慧)를 추구하는 것으로서, 이것 자체가 결정적인 윤리적 요구조건들을 포함하고 있습니다. 왜냐하면 참으로 어떤 사람도 철학을 하면서 동시에 철학적 사고와 양립될 수 없는 방식으로 쾌락을 탐할 수는 없기 때문입니다. 그런데 이 도덕적 조건들이 충족된다고 하더라도 철학자의 삶은 그 바로 본성에 의해서 지혜를 추구하는 끈질긴 노력이라는 사실은 그대로 남아 있습니다.

그런데 지혜란 무엇입니까? 그 고전적 정의에 따르면, 지혜는 '제1 원리(primum principium)들과 제1 원인(causa prima)들에 대한 지식'입니다. 물론 그것은 다른 많은 것들에 대한 지식도 포함하고 있습니다. 하지만 지혜로운 사람은 그가 자신의 지혜를 활용하고 있는 한, 나머지 내용들이 모두 제1원리들 및 제1원인들 속에 포함되어 있거나, 아니면 적어도 그것들과 연관되어 있다는 것을 알고 있습니다. 우리는 이것이 무엇을 의미하는지에 대해 그 어떤 경험도 없는 것이 아닙니다. 우리가 기억하기 때문에 알고 있는 것들이 있는가 하면, 우리가 기억하기 때문이 아니라, 성가시고 불필요한 세부사항으로 우리 기억을 부담지우지 않은 채 필요한 경우에 언제나 그것을 발견할 수 있기 때문에 어떤 다른 것들을 아는 그런 것들도 있습니다. 우리의 지성이 몇몇 인식의 원리들과 원인들을 인식 자체로 대체하는 데 성공할 적마다, 그것은 지혜에 이르는 올바른 길에 서있다고 할 수 있습니다. 사실상의 문제로서 그것은 이미 적어도 부분적으로 지혜를 발견하였습니다. 하지만 절대적인 제1 원리들과 제1 원인들이 참으로 무엇인지를 충만히 자각해서 다른 모든 것을 그것이 빛 속에서 보기 시작하는 날을 아직 기다리고 있습니다.

　만일 이것이 사실이라면, 철학은 하나의 지식이라기보다는 하나의 결정적인 인식 유형인 '지혜에 투신하는 삶'이라고 봐야 합니다. 그것은 오히려 특수한 종류의 직업이자 평생에 걸친 직업입니다. 바로 그렇기 때문에 지혜에 도달하려는 과제에 자신의 온 삶을 전적으로 끝까지 투신하는 사람들을 의미하는 철학자(哲學者, philosophus)의 수가 그토록 적은 것입니다. 참으로 대부분의 사람들은 때때로, 그들 나름으로 사물들과 사람들에 대한 오랜 경험과 상당량의 성찰을 통해서 그들이 자기들의 철학이라고 부르는 어떤 일반적 결론에 도달하였기 때문에, 자신들도 철학자라고 말하기를 좋아합니다. 그런데 그들은 철학자들이 아닙니다. 왜냐하면 정확히 그들의 이른바 철학은 그들의 생활로부터 자발적으로 성장하였는 데 반해, 철학자의 삶은 온전히 지혜 사랑에 헌정되었기 때문입니다. 만일 어떤 사람이 철학자라면, 그는 '철학함'(philosophare) 이외에 다른 어떤 것도 할 수 없습니다. 혹시 그가 다른 어떤 것을 한다면, 그는 그것을 그가 철학을 하는 데 필요한 자유를 확보하기 위해서 하는 것이겠지요. 나는 만일 내가 마음속에 품고 있는 것을 더 잘 명료화하자면, 심지어 철학 교수들(professors of philosophy)조차도 철학자들이 아니라고 말한다고 해서, 내가 당신을 놀래키지 않기를 바랍니다. 그들 가운데 일부는 철학자이겠지만, 그들 모두가 언제나 철학자들이기도 한 것은 아닙니다. 왜냐하면 참으로 '철학을 가르치는 것'과 '철학을 하는 것'은 하나의 동일한 것과는 거리가 멀기 때문입니다.

[2.1. 철학 교육과 철함함의 차이]

 만일 그것이 생각하며 중얼거리는 것이라면, 철학을 가르치는 것은 철학적 성찰을 도와주는 것일지 모릅니다. 하지만 만일 누군가의 교육(敎育) 경력이 저 동일한 철학적 정식(定式)들을 기계적으로 흔히 20년 이상 반복하는 데 소모되었다면, 그것은 별반 도움이 안 될 것입니다. 참으로 위대한 철학자에게 교육이란 귀찮은 일이거나 또는 적어도 차악(次惡)이라 할 수 있습니다. 그의 교수 지위는 그에게, 그의 모든 지위들 가운데에서 그로 하여금 그의 진정한 철학적 삶에 가장 가벼운 손해를 입히며 생계를 유지할 수 있게 해주는 지위입니다. 그가 가르치는 동안에는 어쩌면 철학을 하고 있는 것이 아닐 것입니다. 하지만 적어도 그가 철학에 대해서 말하고 있는 것은 사실입니다. 이런 변론은 그를 철학으로부터 조금이라도 떼어놓습니다. 이것이 바로 토마스 아퀴나스(Thomas Aquinas)가 '관상(觀想)한 것을 남들에게 전한다'(contemplata aliis tradere)고 부르는 것입니다. 하지만 모든 것이 다 말해지고 다 행해졌을 때, '가르친다'는 것은 행동하는(agere) 것인 데 반해, '철학을 하는' 것은 관상하는(contemplare) 것이고, 비록 이 때 한 사람의 활동적 삶이 그의 관상적 삶의 흘러넘침에 지나지 않는다고 하더라도, 이 두 가지 삶은 동일한 것이 아닙니다. 심지어 그것들의 가장 가까운 대상(objectum proximum)조차 서로 다릅니다. 예컨대, 존재(存在)와 생성(生成)의 관계에 관해 사변(思辨)하는 것과, 20명의 학생들의 학년말 시험을 준비시키는 것은 전혀 다른 것입니다. 베르그송(Bergson)이 대학에서 철학과 신입생들을 가르치고 있었을 때, 그는 그의 유명한 『의식의 직접적 소여에 관한 시론』(*Essai sur les donnees immediates de la conscience*)의 집필 작업을 하고 있었습니다. 그런데 만일 그가 자신이 당시에 개인적으로 관심을 기울이고 있던 것을 자기 학생들에게 가르치려 시도했다면, 그들은 모두 자기들 시험에서 통과하지 못했을 것이고, 그가 아무리 위대한 철학자였다고 하더라도 그는 얼마든지 그의 직장에서 쫓겨나게 되었을 것입니다. 그런데 실제로 그의 대학 강의들의 복사본을 살펴본 사람들은 그의 강의가 여느 통상적인 철학 교수의 강의와 거의 같았다는 것을 알고 있습니다. 그것은 프랑스의 공식 프로그램의 요건들과 질서에 맞는 심리학, 방법론, 윤리학, 형이상학에 관한 건전하고 질서정연한 정보를 담고 있었습니다. 그런데 그러한 것으로서 베르그송의 강의는 참으로 매우 훌륭한 철학 입문이었습니다. 그런데 동시에 정확히 똑같은 것을 가르치는 다른 많은 교수들이 있습니다. 그런 강좌를 자기 자신의 이름으로 출간하는 것은 그 자신에 대한 배신이 될 것입니다. 왜냐하면 철학자로서 그는 그것과 거의 관계가 없기 때문입니다. 언젠가 나는 프랑스 군대에서 베르그송의 초기 강의들을 들은 적이 있는 한 대위를 만난 적이 있습니다. 나는 자연스럽게 베르그송이 어떤 종류의 교수였는지를 물었습니다. "대단히 훌륭했지요."라는 대답이 들려왔습니다. 그리고 짧은 침묵이 있은 다음에 대위는 미소지으며 이렇게 덧붙였습니다. "하지만, 물론, 우리는 그가 베르그송이라는 것을 몰랐어요." 바로 그렇기 때문에, 비록 당신의 철학 교수님이 설령 철학자라고 하더라도 당신은 그를 알아보지 못할 것이고, 당신의 교실에서는 그를 철학자로서 만나지 못하는 것입니다. 당신에게 말하고 있을 때가 아니라, 오히려 고독한 시간에 자기 자신의 평온한 명상 속에서 자기 자신에게 말하고 있을 때, 그는 비로소 철학자입니다.

 이것은 철학을 공부하고 싶어 하는 이들과, 어쩌면 좀더 철학을 가르치는 직분에 있는 이들에게 곤혹스런 문제를 제기할 것입니다. 만일 철학이 평생을 요하는 직업이라면, 어떻게 3년이나 4년이나 5년 만에 그것을 배우고 또 가르칠 수 있단 말입니까? 심지어 우리는 이렇게 물어야 하는 것이 아닐까요: 철학은 도대체 어떻게 배우거나 가르칠 수 있단 말입니까? 방금 전에 우리가 한 말에 따르면, 지혜 추구는 개인적인 일입니다. 만일 지혜가 당신 자신의 지혜여야 한다면, 그때 그것의 추구는 당신 자신의 추구여야 합니다. 당신의 교수님이 진리를 알고 그것이 무엇인지를 당신에게 말해준다는 사실이 곧 당신도 그것을 알고 있다는 것을 의미하는 것은 아닙니다. 하지만 이 말들의 의미를 당신이 깨닫는 데 아무리 오랜 시간이 걸린다고 하더라도, 당신은 정확히 그가 행하는 대로 진리를 알게 되고, 그의 진리가 그의 것인 것과 마찬가지로 그 진리가 당신 자신의 것이라는 것도 알게 됩니다. 그것은 동일한 진리일지 모르지만, 그것을 아는 모든 이들은 그것을 자기 자신의 지성을 통해서 알고, 그래서 결국 그의 선생은 그 자신인 것입니다.

나는 아우구스티누스(Augustinus)의 『교사론』(De magistro)이 바로 그것을 가르치고 있다고 믿습니다. 이것은 그 누구도 다른 사람에게 아무것도 가르칠 수 없다고 결론짓는 작품입니다. 하지만 온 세계에서 학생들은 쓰라린 경험을 통해 이것이 참되기에는 지나치게 선량하다는 것을 알고 있습니다. 만일 그것이 사실이라면 모든 교수들은 단번에 자기들의 직업을 상실할 것입니다. 하지만 그들은 직업을 상실하지 않습니다. 혹은 적어도 그들 가운데 누가 그 직업을 상실하게 되면, 그 자리는 즉시 다른 누군가에 의해서 채워집니다. 그래서 전체적으로는 모든 것이 마치 교수들이 무언가를 하고 있는 것처럼 나타납니다. 그리고 그들이 무엇을 행하고 있는지는 토마스 아퀴나스(Thomas Aquinas)로부터 배울 수 있습니다. 그는 아우구스티누스가 이 점에 관해 말한 것을 행복한 마음으로 보완하면서, 교사들은, 비록 그들이 우리를 위해 생각할 수는 없지만, 우리 자신이 생각하도록 만들 수는 있다고, 또는 적어도 우리가 그렇게 하는 것을 도와줄 수 있다고 관찰합니다. 그 자신의 개념들과 그 자신의 판단들을 알려주는 표지인, 신중하게 선별된 단어들을 통해, 한 유능한 교사는 유사한 개념과 판단들이 자기 학생들의 정신 속에 생성되도록 할 수 있습니다. 학생들이 자기 교사들로부터 배우는 것은 필연적으로 자기들의 교사들이 무엇을 생각하는지가 아니라, 오히려 그들의 교사들이 말하는 것으로부터 그들이 무엇을 이해하는지입니다. 여기가 바로 아우구스티누스가 옳았던 지점입니다. 그 누구도 자기 자신의 정신을 통해거나 아니라면 아무 것도 알 수 없습니다. 그런데 발생할 수도 있는 오해는 피하고, 교정하고, 마침내 제거할 수 있습니다. 교사가 자기 자신의 생각을 자신의 어느 한 제자나 여러 제자들에게 명료하게 만드는 데 마침내 성공할 때, 그는 자기 자신의 지성(知性, intellectus)을 그들의 것으로 대체했다기보다는, 몇몇에게 어떤 것을 확실하게 가르친 것입니다.

그렇다면 교사는 어떻게 철학을 가르칠까요? 우리는 여기서 철학 교육의 기술적 세부사항에 관심이 있는 것이 아닙니다. 명백히, 훌륭한 철학 교수들이 있는만큼 철학을 교육하는 상당히 많은 '길'[道, via]들이 있고, 그 길들이 아무리 어렵다고 하더라도 그들이 훌륭한 교수들이기만 하다면 그 길은 모두 훌륭합니다. 하지만 지금 우리의 주요 관심사는 좀더 광범위한 문제입니다: 철학에 접근하는 최선의 길은 무엇입니까? 여기서 또 다시, 여러 훌륭한 길들이 있다고, 그리고 어느 학생들에게 좋은 길은 다른 종류의 학생들에게는 그렇게 좋은 길이 아닐 수 있다고 말할 수 있습니다. 하지만 비록 어떤 교수가 철학에 다른 접근법들로 성공적으로 시도해야 할지라도, 결국 그는 아직도 그것들을 한 번에 하나씩만 시도할 수 있을 뿐입니다. 그 가운데 어느 것을 시도하는 데 있어서 그가 느낄 수 있는 유일한 정당화는 그것이 철학에 접근하는 최선책일 수 있다는 것입니다. 그러므로 우리의 질문은 아직 고스란히 남아 있습니다. 철학을 향한 이 최선의 접근법은 과연 무엇입니까? 그리고 어떤 이유에서 우리는 그것을 다른 것보다 나은 것으로 간주해야 합니까?

데카르트(Descartes)의 한 친구가 어느날 그에게 자신의 아들에게 어떻게 철학을 가르쳐야 하는지 물었습니다. 이 질문에 대해 그 철학자는 놀라운 대답을 하였습니다. 그는 자기 자신의 작품들을 읽게 하라고 말하지 않고, 당신의 아들이 예수회 학교에서 가르쳐지고 있는 대로 철학을 배우게 하라고 말했습니다. 곧 철학 과목들 전체를 처음부터 끝까지 이수하도록 한 것입니다. 그런데 우리는 그런 철학 과목들이 흔히 어떤 것들인지를 잘 알고 있습니다. '철학의 흐름'(Cursus philosophiae), '철학 개요'(Compendium philosophiae), '철학의 제문제'(Elementa philosophiae), '철학대전'(Summa philosophiae) 등 그 제목이 어떠하든지 간에 이런 책은 우리에게 철학 문제들을 일반적으로 검토하고 그 가능한 해결책들도 제시할 것으로 기대됩니다. 토마스 아퀴나스의 관점에서 쓰였을 때, 그것은 '토미스트적 철학의 흐름'(Cursus philosophiae Thomisticae), '토마스 아퀴나스의 정신에 따른 철학 개요'(Compendium philosophiae ad mentem Thomae Aquinatis)이나 그와 비슷한 것이 됩니다. 이 모든 경우에 이런 종류의 작품들은 그토록 많은 "철학 입문"(Introductions to Philosophy)이거나, 만일 그것들이 좀더 통찰력이 있고 야심차다면, 그토록 많은 "철학적 삶의 시작"(Initiations to the Philosophical Life)을 목표로 삼고 있습니다. 철학적 문학에서 이런 종류의 놀라운 성공은, 만일 그것이 진정한 요구에 부응하는 것이 아니라면 도저히 이해될 수 없을 것입니다. 사실상 그것은 필요에 부응합니다. 어떤 사람이 우리에게 어느 지방을 묘사해달라고 청하게 되면, 최선의 대답은 그에게 '지도'를 보여주는 것입니다. 이것이 그 최선의 궁극적 대답은 아니지만, 최선의 첫 번째 대답인 것은 분명합니다. 그리고 철학 입문들에 관한 한, 그것들의 가장 커다란 공로는 초심자들에게 철학이라는 미지(未知)의 나라는 무엇인지에 대한 지도이자 안내서라는 점입니다.

이와 다르게 행동하는 것은 순진한 어리석음이 될 것입니다. 우선 철학을 공부하는 사람들이 다 철학자가 되는 것은 아닙니다. 그 본성에 관해, 그 주요 문제들에 관해, 그리고 그 정확한 해결책들에 관해 아무리 피상적으로라도 정보를 제공받는 것 외에 달리 무엇이 필요하단 말입니까? 하지만 비록 그런 입문이 진정한 철학적 삶의 길을 열어주는 대상이 초심자라고 하더라도 나중에는 똑같은 방식으로 거기에 들어갔다는 것을 감사하게 느끼게 될 것입니다. 마치 철학이 24세기 전에 존재하기 시작하지 않았기라도 하듯이, 그리고 철학에 관해서는 그 어떤 것도 말해지거나 쓰인 것이 없기라도 하듯이, 어떤 초심자도 처음부터 출발하도록 요구받을 수는 없습니다. 참으로 만일 우리가 하고자 하는 것이 '토마스 아퀴나스의 정신에 따라'(ad mentem Thomae Aquinatis) 철학을 가르치는 것이라면, 우리의 문제는 다소 단순한 것처럼 보일지 모릅니다. 하지만 실제로는 그렇지 않습니다. 토마스 아퀴나스의 어느 작품도 철학의 초심자들을 위해 쓰이지 않았고, 그가 자신의 철학적 논고들이나 주해서들을 집필할 때 그 자신은 초심자들을 위해 글을 쓰는 한 초심자인 것과는 거리가 한참 멀었습니다. 너무도 그래서 13세기부터 우리의 시대에 이르기까지 성 토마스에 관한 수많은 주해서들이 토마스 자신의 작품들에 대한 개인적인 독서의 입문이 될 것을 목표로 쓰였습니다. 스콜라철학의 공공연한 적수인 데카르트(Descartes)로 하여금 스콜라철학의 전 강좌를 철학적 지식에 대한 최선의 입문으로 추천하도록 자극한 것은 이런 이유들이나 혹은 적어도 유사한 것들 때문이었을 것입니다. 이것은 매우 건전한 충고였고, 오늘날까지도 추천할 만한 매우 지혜로운 제언이 될 것입니다.

[2.2. 스승과 제자 사이]

이제 그런 권고가 현명하게 주어지고 또 현명하게 받아들여졌다고 가정해 보기로 합시다. 이것은 우리를 어디로 인도할까요? 이 최초의 철학 입문을 받아들인 이후에 어떤 초심자들은 포기할 것인데, 그들은 단연 다수일 것입니다. 소수의 다른 이들은 계속하고자 할 것인데, 이들이 바로 우리가 지금 관심을 기울여야 하는 유일한 이들입니다. 그들이 우리에게 무엇을 해야 할지 묻는다면, 우리는 어떻게 대답해야 하겠습니까?

그들의 질문에 최초로 대답할 수 있는 길은 다른 철학 입문을 제시하는 것이 될 것입니다. 왜냐하면 입문들은 풍부하고, 그들 가운데 어느 것도 서로 동일하지 않을 것이기 때문입니다. 좀더 나은 것은 참으로 기본적인 것 다음에 우리는, 이제는 더 이상 초심자가 아닌 학생들에게 그의 흥미를 끄는 특수한 문제들을 다루는 저 전문화된 서적들을 적용할 때가 올 때까지 일련의 점점 더 어려워지는 입문들을 제시할지 모릅니다. 지금 내가 하고 있는 일은 그런 교육학적 방법에 흠을 발견하는 것과는 거리가 멉니다. 나의 관심을 끄는 유일한 질문은 어떤 철학 관념이 그런 어떤 방법을 포함하는 것이냐는 것입니다. 그리고 내가 상상할 수 있는 유일한 대답은, 그런 철학 학습 방식이 전적으로 만족스럽고 실천적으로는 자족적이라고 견지하는 자들에게 철학은 어쩌면 본질적으로 다른 학문들과 유사하고, 따라서 정확히 똑같은 방식으로 가르쳐지는 것이 가능한 학문으로 나타날지 모른다는 것입니다. 학문(學問, scientia)이란 합리적으로 증명될 수 있고 따라서 가르침을 통해서 전수될 수 있는 동일한 대상에 연관된 지식체가 아닐까요? 예컨대 수학, 물리학, 화학, 생리학 등이 그러합니다. 그리고 어떤 이유 때문에 철학이 하나의 학문이라면, 왜 다른 학문들과 마찬가지로 초심자들을 그 문제들, 방법들, 그 현재의 결론들로 안내함으로써 가르치고 배워야 하는 것이어서는 안 되는지를 보는 데 실패합니다.

   이 문제에 대한 더 나은 대답을 위해서 다른 질문을 던져보기로 합시다. 어떤 의미에서 그런 교육학적 방법이 학문들을 가르치는 데 적절한 길이란 말입니까? 준비된 대답은, 어떤 학문이 이미 획득된 결과들로 구성되는 충만함의 정도라는 것입니다. 당신은 구두(口頭) 강좌나 인쇄된 텍스트에 의해서 물리학을 배울 수 있습니다. 하지만 실험실에서 적절한 실험들을 수행함으로써 그렇게 획득된 학습을 개인적으로 확인한 다음에 당신은 무엇이 되기에 적합해졌다는 말입니까? 혹시 유능한 엔지니어? 아니면 물리학 교수? 하지만 분명 물리학자는 아닙니다! 과학에 정통한 지식인이라면 오케이, 그러나 과학자는 노! 역사학 교수는 상당량의 역사를 잘 알고 있을 것이고 그들은 모두 학자들일 수 있지만, 그들 가운데 극소수만이 실제 역사가들입니다. 그래서 역시 우리는 물리학이나 우리 시대의 철학에 대해 상당히 많은 것을 알고 있을지 모릅니다. 하지만 필연적으로 물리학자나 철학자이기도 한 것은 아닙니다. 다른 학문들에 대한 '입문들'에서처럼 철학의 경우에도 마찬가지입니다: 철학이 시작되는 곳에서 철학 입문은 끝나야 합니다. 만일 또 다시 무언가가 시작되어야 한다면, 시작되는 것은 참으로 새로운 경험, 과거와는 전혀 다른 새로운 경험입니다. 그것은 영문학의 위대한 교수인 것과 셰익스피어(Shakespeare)인 것이 전혀 다른 것과 같습니다. 단순히 철학을 배우는 것이 아니라, 실제로 철학자가 되는 것, 바로 이것이 문제입니다. 그것은 하나의 학문으로서의 철학을 포기하는 것을 포함하지 않고, 오히려 철학을 이전과 다르고 지혜 자체 안에 포함된 것과 같은 좀더 고양된 방식으로 소유하는 것을 겨냥하고 있습니다. 여기서 철학(哲學)과 지혜(智慧)의 관계는 육체(肉體)와 그 영혼(靈魂)의 관계와 같습니다. 그때 또한 철학적 삶이 참으로 시작되기도 하고, 그 시작은 이미 획득된 학습에 어떤 것을 덧붙이는 데에서 성립되는 것이 아니라, 오히려 사랑에 빠지거나 또는 어떤 소명(召命)의 부르심에 응답하거나 어떤 회심(回心)의 변형 체험을 겪는 것과 같습니다.

여기서 나는 어떤 강력한 천재(天才)의 자기-계시나, 그의 저술들이 나중에 철학 영역의 한 이정표(landmark)로 간주될 어떤 위대한 철학자의 탄생을 묘사하고 있는 것이 아닙니다. 진정한 철학자가 아니라면 철학을 창안해낼 수 없지만, 인간은 철학적인 어떤 것을 창안하지 않고서도 진정한 철학자로 살고 죽을 수 있습니다. 창조적인 천품이 없더라도 어떤 위대한 철학자는 적어도 철학자로 남아 있을 것입니다. 하지만 내가 지금 묘사하려고 애쓰고 있는 차이는 정신의 어떤 예외적인 특성에 있다기보다는, 철학적 진리에 대한 능동적이고 개인적인 전용(專用)을 성취하려는 갈망에 있습니다. 철학적 삶을 살도록 태어난 정신 안에서는 관념들이, 마치 논리적 계기(시퀀스) 안에 있는 것처럼 단순히 차례로 뒤따르는 것이 아니라, 우리가 그것들을 어떤 책에서 처음으로 읽을 때 그것들이 행하는 것과 같습니다. 그것들은 단순하게 추론 과정과 증명의 요구들에 의해서 연합된 것이 아닙니다. 그것들은 단지 어떤 영리하게 고안된 퍼즐의 수많은 조각들처럼 제자리를 찾아가는 것이 아닙니다. 오히려 혹자는 그것들이 어떤 독신생활에 의해서 안으로부터 소생되고(촉발되고) 그 고유의 내적 발달의 법칙들에 따라 그것에 제공되는 영적 양식에 자발적으로 동화되거나 그것을 배격할 수 있는 어떤 유기적 전체 속으로 혼합된다고 말할 것입니다.

그가 위대해지도록 운명지어져 있든, 아니면 시민 대중 안에서 알려지지 않은 채로 남아 있든지 간에, 일단 탄생한 철학자는 아직 자라나야 합니다. 그는 아직도 가르침을 받아야 하는데, 이번에는 '철학'이 아니라, '철학함'입니다. 그의 이런 필요를, 그에게 스승이기도 하고 평생에 걸친 동료가 되어줄 다른 철학자가 아니라면, 도대체 누가 도와줄 수 있단 말입니까? 그렇다면 가장 시급한 문제는 그런 사람을 찾아내는 일인데, 이것은 쉬운 것과는 거리가 멉니다. 왜냐하면 스승이기 위해서 철학자는 위대해야 하는데, 위대한 철학자는 참으로 드물기 때문입니다. 러시아와 같은 대단히 큰 나라들조차 그런 철학자를 만난 적이 없습니다. 그런데 아메리카의 발견 이래 알래스카(Alaska)와 파타고니아(Patagonia: 남미 대륙 남단) 사이에 얼마나 많은 사람들이 태어났습니까! 모든 플라톤(Plato)이 다 자기 자신의 소크라테스(Socrates)를, 모든 아리스토텔레스(Aristoteles)가 다 자신의 플라톤을 만나리라 기대할 수는 없습니다. 이른바 '철학자들의 세기'(Century of Philosphers)인 18세기 내내 프랑스에는 단 한 명의 위대한 철학자도 없었습니다.

문제가 여기서 그치는 것도 아닙니다. 스승과 제자 사이에는 일종의 영적 유사성이 요구되지 않습니까? 만일 어떻게 걷는지를 배우기 위해서는 적어도 얼마 동안은 누군가의 뒤를 따를 필요가 있는 것이라면, 만일 우리가 똑같은 길을 걸어가려는 것이 아니라면, 우리에게 어떻게 그것을 할 수 있는지를 보여줄 수 있는 어떤 인도자를 찾는 것은 부질없는 짓입니다. 어떤 사람들은 종교적인 양심 지도자를 찾는 것이 어렵다는 것을 발견합니다. 하지만 그 일이 이루어질 수 없는 경우란 없습니다. 우리의 동시대인들 가운데에서 철학적인 양심 지도자를 발견하는 일은 훨씬 더 고된 일입니다. 너무도 그러해서 어떤 사람이 아무리 마음을 졸이며 찾는다 하더라도 그에게 그런 발견이 절대적으로 불가능한 장소나 때는 너무도 많습니다.

하지만 두 번째 사유에서 그런 상담사들은 얼마든지 많고, 현재가 아니라면 적어도 과거에서 언제든지 만나볼 수 있습니다. 그리고 우리는 지금 철학을 다루고 있기 때문에, 과거와 현재 사이에는 무슨 차이가 있단 말입니까? 형이상학(形而上學)과 윤리학(倫理學)은 그 바로 본성에 있어서 전적으로 시간을 벗어나는 문제들을 다룹니다. 24세기나 전에 존재자는 있고 비존재자는 존재하지 않는다는 것, 그리고 생성과 변화를 겪는 것이 참으로 존재한다고 말해질 자격을 갖추고 있지 않다는 것, 그리고 또 사회의 두 토대가 (정의가 없는 우정은 맹목적이고, 우정이 없는 정의는 불모적이기 때문에) 정의(正義, justitia)와 우정(友情, amicitia)이라는 것이 이미 말해졌습니다. 이 세 가지 입장들 가운데에는 지난 24세기 동안 단 한 순간이라도 참되기를 그쳤던 것이 하나라도 있었습니까? 그러므로 만일 우리 자신의 동시대인들이 실패한다면, 우리가 필요로하는 스승을 찾기 위해 우리의 눈을 과거를 돌리기로 합시다. 어쩌면 그는 거기에서 인내로이 우리가 자기에게 우리 자신의 문제들을 펼쳐놓고 우리의 질문들에 대답하도록 요청하기를 기다리고 있었던 것일지도 모릅니다. 왜 우리가 망설여야 한단 말입니까? 어떤 두 용어들 사이의 가지적(可知的) 관계는 일찍이 과거에 속한 적이 없습니다. 그것이 이해될 적마다 그것은 현존하고 있습니다.

[2.3. 철학사의 가치]

   이것은 또한 철학사(哲學史)가 철학 교육 속에 그 본질적 일부로 참여하게 되는 지점입니다. 곧 철학 교수들이 역사로 하여금 끼어들도록 허용한다면 말이지요. 많은 이들은 그렇게 하지 않고, 또 그 나름의 어떤 정당화가 없는 것도 아닙니다. 나는 참으로 철학적인 교육의 목표가 다른 사람들이 과거에 무엇을 생각했는지를 아는 것이 아니라, 사람이 지금 무엇을 생각해야 하는지를 아는 것이라고 말하는 것을 들은 적이 있습니다. 그리고 철학사가 죽은 철학자들의 공동묘지이고, 살아 있는 철학자들은 죽은 이들로 하여금 자신들의 죽은 철학을 장사지내도록 해야 한다고 말하려는 다른 사람들도 있습니다. 그러나 좀더 심각한 반론도 있습니다. 철학자들에 의해서 말해진 것만큼 어리석고 헛된 것은 아무것도 없다고 키케로(Cicero)가 말한 이래 참으로 많은 세월이 흘렀습니다. 온갖 형식의 역사도 다 증오했던 데카르트(Descartes)는 다음 인용구를 즐겨 인용하였습니다: 많은 철학 교수들은 철학사가 모든 가능한 오류들에 대한 포괄적 수집을 가르치는 것에 지나지 않는다고 결론짓습니다. 그런데 철학을 가르치는 것은 상당히 다른 것이거나, 적어도 다른 것이어야 합니다. 그것은 철학적 진리를 가르치는 것에 지나지 않습니다. 그들을 논박하기 위해서는 어쩌면 그릇된 입장들을 인용하는 것이 유익할지 모릅니다. 하지만 어째서 우리는 젊고 경험이 짧은 정신으로 하여금 그런 오류(誤謬)의 숲에서 길을 잃어버리도록 초대해야 하는 것일까요? 만일 우리가 스피노자(Spinoza)와 헤겔(Hegel)이 잘못되었다는 것을 안다면, 왜 우리는 젊은 학생들로 하여금 스피노자와 헤겔을 읽게 만들어야 한단 말입니까? 우리는 어쩌면 그에게 독약을 먹이고 있는 중인지 모릅니다. 이것이 아무리 그렇다고 하더라도 적어도 한 가지만큼은 확실한데, 그것은 철학사가 철학적 회의주의(懷疑主義)를 키워낼 뿐이라는 점입니다. 이렇게 돛이나 바퀴도 없이 상충하는 견해들의 바다 한가운데 내던져졌을 때, 잘 훈련된 정신은 철학을 두고 단 한 가지 밖에 할 수 없는데, 그것은 철학을 나쁜 직업이라 단정하고 포기하는 일입니다.

나는 이 반론들을 약하거나 부적절한 것으로 기각시키려는 의도는 없습니다. 그것들은 강력하고 요점을 꿰뚫고 있습니다. 하지만 그들의 것이지, 우리의 것은 아닙니다. 그것들은 모두 그 힘을, 그 결과들을 가르쳐야 하는 이미 만들어진[기성품] 학문으로 개념된 똑같은 철학 개념으로부터 얻고 있습니다. 그런데 이미 말한 것처럼, 그런 학문이 있고, 그것은 학습되고 가르쳐져야 하기 때문에, 그것을 할 수 있는 유일한 길은 어떤 학문에 걸맞는 방식, 곧 교조적(敎條的, dogmatica)인 방식입니다. 만일 어떤 사람이 철학에서 무엇이 참되고 또 무엇이 참되지 않은지를 안다고 생각하지 않는다면, 그는 그것을 가르칠 자격이 전혀 없습니다. 사실상 많은 이들이 가르치고 있지만, 그들은 가르쳐서는 안 됩니다. 그리고 나는, 물리학을 가르치는 것이 진정한 물리학을 가르치는 것인 것처럼, 철학을 가르치는 것도 참된 철학을 가르치는 것이라는 데 우리가 모두 동의할 것이라고 가정하고 있습니다. 그들이 이해할 수 없는 무분별한 본문 독서를 통해 젊은 정신들을 철학으로 안내하는 일은 참으로 대단히 어리석은 일일 것입니다: 우리는 모두 벌어지고 있는 일을 전혀 모른 채 마지막 발언자가 언제나 옳은, 불편한 느낌을 경험하는 저 논쟁들 안에 있습니다.

그러나 이것은 전혀 우리의 문제가 아닙니다. 우리가 지금 찾고 있는 것은 우리 자신의 철학적 지혜 탐구에서 스승(master)이자 동료(companion)이자 안내자(guide)인데, 현재에서 찾는 데 실패했기 때문에, 과거로 눈길을 돌려야 합니다. 이리하여 언젠가 '최정상의 시인'(altissimo poeta)[1]이 자신을 시인이 되도록 가르쳐줄 스승이 없는 것을 알았을 때, 1천년 이상 전 과거로 돌아가 베르길리우스(Vergillius)를 찾아낸 적이 있습니다. 하지만 우리는 토마스 아퀴나스(Thomas Aquinas)를 찾아내기 위해서 그렇게나 멀리 되돌아갈 필요는 없습니다. 그런데 우리가 그를 마침내 만나게 될 때, 역사(歷史, historia)에서가 아니라면 달리 어디에서 그를 찾는단 말입니까? 그리고 또 역사를 통하지 않는다면 어떻게 그에게 접근할 수 있단 말입니까?

바로 여기에 철학에 고유한 접근법에 관한 우리의 대부분의 오해들의 뿌리가 있다고 나는 믿습니다. 이 가장 단순한 사례를 고찰해 보기로 합시다. 도움을 찾은 이후에 혹자는 그렇게 하는 최선의 길은 토마스 아퀴나스에게 줄을 서는 것이라는 결론에 이릅니다. 이리하여 그는 토마스 아퀴나스의 제자가 되고, 또 그런 만큼 토미스트(Thomist)가 됩니다. 여기까지는 좋습니다. 하지만 그는 자신이 토미스트라는 것을 어떻게 압니까?

우리가 그에게 질문을 해야 한다면, 그의 첫 번째 대답은 이럴 것입니다: "철학이 '신적인 토마스 아퀴나스의 정신에 따라'(ad mentem Divi Thomae Aquinatis) 가르쳐지는 책에 쓰여 있는 것에 동의하기 때문에, 나는 내가 토미스트라는 것을 압니다." 그리고 이 대답은 올바른 것으로 보일 수 있지만, 그때 그는 그의 책에서 토마스 아퀴나스의 철학이라고 묘사하고 있는 것이 토마

---

1. 유명한 『신곡』(*La Divina Commedia*)를 쓴 단테 알리기에리(Dante Alighieri, 1265-1321)를 시사하고 있다(역자주).

스 자신의 사상을 충실하게 전하고 있다는 것을 어떻게 압니까? 명백히 그것을 확신하는 유일한 길은 그런 작품을 토마스 아퀴나스 자신의 작품들과 비교하는 것입니다. 그런데 당신이 이 작업에 착수하자마자 당신 자신이 엄격히 역사적인 작업에 연루되었다는 것을 알게 될 것입니다. 참으로 역사는 여기서 당신의 목적이 아닙니다. 당신이 궁극적으로 알고자 하는 것은 진리(眞理, veritas)이지만, 당신의 직접적인 문제가 토마스 아퀴나스가 말하고 있는 것이 참된지 여부를 아는 것이기 때문에, 당신이 먼저 알아야 하는 것은 토마스 아퀴나스가 실제로 무엇을 말하는지입니다. 그것이, 책 안에 있는 것이 참된 한 당신은 토마스가 그것을 말하는지 여부는 신경 쓰지 않을 것이라고 이의를 제기하는 것이 되지는 않을 것입니다. 왜냐하면 이것은 단순히 당신이 토마스 아퀴나스의 제자가 아니라, 제 멋대로 그의 이름을 사용하는 어떤 다른 사람의 제자라는 것을 의미할 것이기 때문입니다. 어떤 철학자도 그 자신이 또한 역사가이기도 하지 않다면, 자신이 (진정한) 토미스트인지를 알 수 없습니다.

이 첫 번째 결론은 많은 함축들을 품고 있지만, 그것들을 열거하는 것은 지겨울 것입니다. 왜냐하면 참으로 아퀴나스가 무엇을 말했는지를 정확히 우리에게 말해줄 수 있는 유일한 사람은 토마스 아퀴나스 자신뿐이기 때문입니다. 그가 무엇을 말했는지를 알기 위해서는 그의 작품들을 읽어야 합니다. 하지만 그는 실제로 어떤 작품들을 썼던가요? 최선의 수사본들은 어디에 있습니까? 이 최선의 수사본들 안에는 모든 개연성에 따라 가장 안전한 독법(讀法)들이 있습니까? 일단 우리가 그의 텍스트에 대해 합리적으로 확실하다는 느낌을 받을 때, 그 텍스트들이 의미하는 것은 무엇입니까? 토마스의 텍스트들에는 수많은 두툼한 주해서(註解書)들이 쓰였습니다. 하지만 그것들이 언제나 동의하는 것은 아니고, 어떤 경우에는 심각하게 불일치하기도 합니다. 그렇다면 만일 우리가 토마스 아퀴나스가 참된 지혜의 길을 발견했다고 확신했다면, 우리는 그의 길이 어디에 놓여 있는지를 알아야 할 필요가 있습니다. 우리는, 어떤 사람이 자기들이 가고 싶은 곳으로 가고 있기 때문에 그를 따르고 있지만 그가 지금 어디에 있는지를 언제나 궁금해하는 군중의 처지와 비슷합니다. 그를 찾아내는 일은 고된 과업이고, 그를 시야에서 놓치지 않는 것은 한층 더 어려운 일인데, 그것이 바로 역사가의 과제입니다. 그토록 많은 철학자들이 그것과 모종의 관계가 있다는 것은 놀랄 일이 못됩니다. 왜 그들이어야 합니까? 어쩌면 그들은 스승도 동료도 안내자도 필요하지 않을지 모릅니다. 나의 유일한 요점은 만일 그들이 역사에 의지하지 않는다면, 그들은 자기들이 한 안내자를 따르고 있는데 그 이름이 토마스 아퀴나스라고 말할 권리가 없다는 것입니다.

[2.4. 성 토마스의 가르침의 요체]

하지만 이것들은 그리 대단한 것들이 못됩니다. 왜냐하면 결국 그것들은 대체로 소재(素材)이고 말하자면 우리 문제 바깥에 있기 때문입니다. 저 문제는 왜 토마스가 우리의 안내자라면 오직 그만이 그것을 할 수 있고 다른 누구도 그의 자리를 대신할 수 없는지를 아는 것입니다. 이제 우리는 '토마스의 정신에 따라' 쓰인 작품들이 천사적 박사(Doctor Angelicus) 자신의 작품들로 대체될 때, 실제로 무슨 일이 벌어지는지를 보기로 합시다. 나는 여기서 어떤 쟁점을 논하고 그 안에서 어느 편을 들려는 계획은 추호도 없습니다. 나는 오히려 거기에는 매우 커다란 쟁점들이 연루되어 있을 수 있다는 것과, 또 조심스럽게 걷지 않는다면,

우리가 선택한 안내자로부터 멀리 떨어져서 실제로 우리를 우리가 원하지 않는 곳으로 데려가고 있는 어떤 다른 사람을 따르고 있을지 모른다는 점을 보여주고 싶습니다.

만일 어떤 철학 안에 어떤 근본적 관념이 있다면, 그것은 존재자(存在者, ens) 관념입니다. 우리가 존재자를 개념하는 것처럼, 그렇게 형이상학도 개념할 것입니다. 그런데 어떤 훌륭한 철학 도서관을 맘껏 활용할 수 있다면, 누구라도 쉽게 수행할 수 있는 아주 단순한 실험이 있습니다. 당신이 할 필요가 있는 전부는 '신적인 토마스의 정신에 따라 쓰인' 철학 교재들을 서가에서 뽑는 것입니다. 그리고 당신은 이 책들을 차례로 펼쳐 본질(本質, essentia)과 존재(存在, esse) 사이의 관계를 다루는 장을 살피는 것입니다. 이 책들이 두 부류로 나뉜다는 것을 발견하는 데에는 그리 많은 시간이 걸리지 않을 것입니다. 한 부류는 '사물 안에는' 본질과 존재의 구별이 있다는 것을 긍정하고, 다른 부류는 그것을 부정합니다. 다시 말해, 어떤 교재들에 따르면, 세계는 실재적 본질들로 구성되어 있는데, 그 존재는 한 양태이거나 아니면 어떤 다른 규정이라고 합니다. 한편 나머지에 따르면, 세계는 어떤 보다 높은 현실에 의해 현실화된 본질들로 구성되어 있는데, 그것이 바로 존재 현실(存在現實, actus essendi)입니다. 여기에는 철학적으로 서로 다른 두 세계가 있습니다. 왜냐하면 참으로 존재자들은 구별되는 존재 현실에 의해 현실화된 본질들이면서 동시에 그렇게 현실화되지 않은 본질들이기 때문입니다. 그렇다면 본질과 존재 가운데 실재(實在)에서 최고의 것은 무엇입니까? 본질입니까, 아니면 존재입니까? 명백히 철학자는 여기서 선택을 해야 합니다. 선택해서는 안 되는 유일한 것은 이 두 관점이 다 동시에 참되다고 보는 철학이 있다는 관점입니다. 사실상 '성 토마스의 정신에 따라' 집필된 철학들의 저자들은 자신의 선택을 하는 데 있어 아무런 거리낌이 없지만, 이 선택들은 서로 상충됩니다. 그런데도 그들은 모두 토미스트들입니다. 이제 여기서 나는 나 자신의 선택이 무엇인지를 말하려는 것이 아닙니다. 그렇게 하는 것이 가능하지도 않습니다. 왜냐하면 그것을 말하는 것은 순전히 인위적인 것이지만, 그것을 정당화하는 일은 우리를 끝없는 역사적 증명들에 연루시킬 것이기 때문입니다. 그런데 적어도 한 가지만큼은 확실합니다. 곧 이 논쟁의 두 편 가운데 어느 한 편은 옳고, 다른 편은 잘못이라는 것입니다. 그들의 의도적인 역사 소홀을 통해서 많은 철학자들은 공개적으로 어떤 지도자를 따른다고 고백하지만 실제로는 다른 지도자를 따라갑니다. 이것은 초라한(어설픈) 역사가들에게 얼마간의 위로를 가져다주기에 적합한 상쾌한 광경입니다.

그렇지만 이 다소 어리석은 혼란은, 그것이 함축하고 있는 명칭(이름)들에 관한 잘못이 사물들에 관한 보다 심각한 잘못을 전제하지 않았다는 것을 의미하는 것은 아닐 것입니다. 여기서는 오류를 저지르고 있는 것이 누구든지 간에, 그가 철학 자체의 바로 본질에 대해 잘못하고 있다는 것은 사실입니다. 그리고 이상하기는 하지만, 그의 오류는 다시 한 번 더 학교에서의 가르침에 관한 어떤 점을 지니고 있습니다. 어쩌면 한 역사적 사례가 내가 지금 염두에 두고 있는 것이 무엇인지를 명료하게 만들어 줄지 모릅니다. 19세기 첫 몇십 년에 프랑스 철학부들을 위한 공식적인 정부 프로그램이 존재했었습니다. 그것은 매우 간단한 것이었습니다: 그들에게 가르쳐져야 하는 교리는 온갖 적절한 수정(修正)을 가한 로크(John Locke)의 가르침입니다. 이때 나의 질문은 이것입니다: 이것은 의미가 있나요? 나는 상당수의 철학 교수님들께 그것이 의미가 있을까봐 매우 두렵습니다. 그리고 나는 왜 그것이 그렇지 않은지 명료화하는 것에 대해 거의 절망스럽습니다. 왜냐하면 사실상 그것이 바로 만일 그가 철학에서 한 강연으로 하도록 불림을 받았다면 모든 이가 해야 하는 것이기 때문입니다. 그가 추종하고 있는 철학자가 토마스 아퀴나스(Thomas Aquinas)이든, 둔스 스코투스(Duns Scotus)든, 로크(Locke)든, 칸트(Kant)든, 아니면 로이스(Royce)든 우리 자신의 문제와 관련해서는 별반 차이가 없습니다. 왜냐하면 문제는 철학 교수이기 때문에 우리는 일반 철학 강좌를, 그런 어떤 것을 한 번도 쓴 적이 없는 철학자들의 작품들로부터 추려내야 하기 때문입니다. 그것에 가장 가까운 접근법은 그 백과사전적(百科事典的) 성격이 어느 시대, 어디에서든 그의 철학이 대학 교수들에게 높이 평가되어 온 여러 이유들 가운데 하나인 아리스토텔레스(Aristoteles)의 작업입니다. 그런데 아리스토텔레스에게조차도 철학은, 로크에게 철학적 진리가 그의 『인간지성론』(Essay on Human Understanding)에 깔려 있는 관점들과 동일하였던 것처럼, '그의' 철학이었습니다. 한 단일한 유기적 사상의 한 표현으로서 철학자의 개인적 철학은 그 고유의 유기적 단일성을 누립니다. 이것은 그것을 현대화시키고 현대의 교실 교육의 요구사항들에 적응시키려는 전망을 가지고, 그것을 확대하거나 축소하고, 교정하거나 개조하는 것을 (불가능하기까지는 아니더라도) 어렵게 만듭니다. 만일 로크의 철학에서 당신이 그 원리들로부터 필연적으로 따라오는 저 귀결들 가운데 어느 하나를 고친다면, 당신은 사실상 그의 원리들을 부정하고 그의 철학을 배격하고 있는 중입니다. 13세기 초에 아리스토텔레스의 작품들을 가르치는 것이 '교정되기까지'(donec corrigantur) 금지되었을 때, 그것들이 결코 교정되지 않으리라는 것이 곧 명백해졌습니다. 그것들은 교정될 수 없습니다. 그 당시 토마스 아퀴나스가 행한 유일한 것은 그것을 변경하는 것이 가능하다는 점이었습니다.

그는 새로운 철학을 창안하였는데, 아리스토텔레스가 만일 그것을 알았더라면 그것은 아리스토텔레스를 비틀거리게(망설이게) 만들었을 것입니다. 왜냐하면 그것은 더 이상 아리스토텔레스의 철학이 아니라, 토마스 아퀴나스의 철학이기 때문입니다.

내가 보는 것처럼, 우리가 어떤 철학 교재와 어떤 철학 논고 사이에 언제나 관찰해야 하는 근본적 구별은 이러합니다. 그것들은 각기 그 고유의 목적에 봉사하지만, 그들의 목적은 동일한 것이 아닙니다. 어떤 철학 교재, 또는 심지어 하나의 교재로 집필된 강연은 작품들의 진정한 철학적 성찰을 특징짓는 저 유기적(有機的) 통일성과 사상의 연속성을 결(缺)할 수밖에 없습니다. 음악에서 천재와 재능 사이의 차이에 관해 의문을 제기하면서 로베르트 슈만(Robert Schumann)은 언젠가 천재(天才)의 모든 작품들 안에는 그 전체를 관통하고 그것을 하나로 모으는 황금 끈(golden string)이 있다는 결론에 도달했습니다. 바로 이것이, 의심의 여지 없이, 또 다른 음악가 이고르 스트라빈스키(Igor Strabinski)가 자신이 작곡가라 불리거나 자신의 작품들이 '작곡들'이라 불리는 것을 극도로 혐오했던 이유입니다. 이것은 또한 철학의 경우에도 해당됩니다. 그들이 편찬하고 있지 않을 때조차도 교재들은 작성되는 데 반해, 철학들은 새로 태어납니다.

이것을 입증하는 길은 하나밖에 없습니다. 하지만 아무도 그것을 어떤 다른 이에게 입증할 수 없습니다. 왜냐하면 그 증거는 오직 역사만이 제공할 수 있는 어떤 개인적 경험 안에 놓여 있기 때문입니다. 증거는 위대한 철학자들과 개인적이고 내밀하게 접촉하며 보낸 삶 속에 놓여 있습니다. 철학을 오직 학교 안에서나 (오직 학교를 위해서만 집필된) 책들로부터만 배운 모든 사람들에 대해서는, 미안하지만 나는 그들이 철학적 삶이 실제로 어떤 것인지에 대해 최소한의 생각조차 가지고 있지 않다고 말해야 합니다. 여러 해 동안 라틴어를 배웠지만 그것을 베르질리우스(Vergilius)를 읽는 데 사용한 적이 없는 무수한 학생들과 다르지 않게, 우리의 철학도들도 철학적 삶으로 안내되었지만, 그 가운데 극소수만이 실제로 그리로 들어 갈 것입니다. 그렇지만 나는 그들 가운데 상당수가 참으로 철학적 삶을 즐기고 있지 않은지, 그리고 그들이 우리가 학생들에게 철학이라고 가르쳐야 하는 것이 아직 철학이 아니라 철학에 이르는 길이라는 것과, 오직 진정한 철학 스승들만이 있을 뿐인데 그들은 위대한 철학자들이라는 사실을 제때에 경고받았는지 의아해하지 않을 수 없습니다.

[2.5. 참다운 스승]

우리의 학생들 가운데 적어도 철학의 소명(召命)을 듣고 열심히 응답하는 이들에게는 우리가 어떻게 최소한의 망설임이라도 품을 수 있단 말입니까? 우리 철학 교수들은 [기껏] 우리 자신의 학생들보다 조금 늙은 학생들이 아니라면 달리 무엇이란 말입니까? 우리는 그들의 스승일 수 없습니다. 왜냐하면 우리는 [참된] 스승들이 아니기 때문입니다. 그들과 함께 하는 우리의 작업이 채워졌을 때, 그들을 직접 우리 자신의 스승에게로 데려가기로 합시다. 이제부터 우리는 그들을 우리와 함께 우리 밑에서 배우는 것이 아니라, 그[철학자]와 함께 그의 밑에서 배우도록 가르쳐야 합니다. 참으로 우리는 아직도 그들을 도와줄 수 있지만, 이제까지처럼은 아닙니다. 우리의 새로운 과제는 그들로 하여금 우리 자신보다 더 위대한 스승으로부터 배우도록, 토마스 아퀴나스(Thomas Aquinas)를 읽도록, 그의 사상에 동화(同化)되도록, 그와 더불어 진정한 철학자가 하듯이 생각하도록 가르치는 것입니다. 다시 말해 과학적 객관성 및 정교함과 동일한 표준에 따라 작업하며, 그의 가르침 전체가 그들에게 그 제1 원리들의 빛으로 가득찬 것으로 나타날 때가 올 때까지 정진하는 것입니다. 그때가 언제 오겠습니까? 아무도 말해줄 수 없지만, 한 가지 분명한 것은 여러 해에 걸친 탐구 이전에는 올 수 없다는 것입니다. 왜냐하면 철학의 보고(寶庫)에 이르는 지름길은 없기 때문입니다. 하지만 그 때는 올 것이고, 그것이 철학을 할 때 그들의 눈앞에서 그 본질의 순수성으로 빛날 것입니다. 그리고 우리보다 위대한 어떤 이가 그들로 하여금 그 삶에 참여할 수 있도록 해주었을 것이기 때문에 그들은 그 안에서 그 가지적(可知的) 아름다움의 진정한 원천을 인정하는 데 실패하지 않을 것입니다. 지혜서는 이렇게 말하고 있습니다: "지혜는 세상 끝까지 힘차게 퍼져 가며 만물을 훌륭하게 통솔한다."(8,1)

바로 그렇기 때문에, 내가 크게 착각한 것이 아니라면, '철학사(哲學史)는 어디서든 안전한 철학 교육의 한 본질적 일부로 인정되어야' 합니다. '철학 교육'이라는 말로써 나는, 그 궁극적 목적이 철학을 가르치는 것이 아니라, 어엿한 철학자들을 양성하는 교육을 의미합니다. 그리고 훌륭한 다른 모든 것의 경우와 마찬가지로, 여기에도 치러야 할 값이 있지만, 그 값은 치를 만한 가치가 있습니다. 어쨌든 그 값은, 잘못 권장된 순수 추상적 사변에 대한 열정으로 우리로 하여금 역사적 연구들로부터 멀어지도록 겁박하고자 하는 저 철학 교수들에 의해서 그렇다고 말해진 것과는 다른 것입니다. 그들의 모든 지향들이 언제나 전적으로 순수하다고 전제하더라도(dato non concesso) 그들의 근거들은 아직도 유효하지 못할 것입니다. 왜냐하면 그들은 완전히 요점을 놓치고 있기 때문입니다. 철학사는 죽은 철학자들의 공동묘지일 수 없습니다. 왜냐하면 철학에는 죽은 이들이 없기 때문입니다. 역사에 힘입어 모든 위대한 철학자들은 아직도 살아 있고, 우리의 스승이자 동료이며 안내자인 토마스 아퀴나스보다 더 큰 활력의 표지들을 보여주는 사람은 없습니다. 또한 철학사는 회의주의의 온상지도 아닙니다. 오히려 정반대입니다. 만일 어디에서든지 발견되어야 하는 철학적 회의주의의 원천이 있다면, 나는 차라리 철학 교수들인 우리가 거기 포함되어 있고 또 우리에 의해서 널리 퍼진, 지혜의 삶에 대한 우리의 입문들 자체를 지혜로 간주하는 치명적인 착각 속에서 그것을 찾을 것입니다. 지혜의 삶은 그 착각들 안에서는 발견되지 않고, 진정한 철학적 사유의 황금 끈은 그것들의 많은 부분들을 통해서 끊어지지 않은 채 이어지고 있는 것이 아니며, 우리의 학생들 가운데 그 착각들을 참으로 소중한 보물들처럼 삶으로 옮겨가는 이들은 비참한 결말을 맞이할 각오를 해야 할 것입니다. 최초의 심각한 충격 아래 그 철학적 누더기들의 거칠게 짜맞춘 부분들은 조각조각 찢겨져야 합니다. 그때 일어날 수 있는 최선의 일은 철학에 대한 절망 속에서 그들이, 하느님은 사람들을 형이상학을 통해 구원하기로 선택하신 것이 아니어서, 그것의 상실이 그들 [자신]의 상실이 아니라는 사실을 기억해내는 것입니다.

바로 여기에 그토록 많은 문제점들의 원천이 놓여 있다는 오해를 결정적으로 푸는 것이 좀더 단순하지 않을까요? 철학은 학문으로서도 지혜로서도 (그것이 그 완성인) 어떤 정신 바깥에서 발견되어야 하는 것이 아니라, 그 원인인 어떤 정신 안에서 발견되어야 합니다. 철학은 그 자신의 외부에 철학자들의 실존을 가지고 있지 않습니다. 그리고 심지어 시간을 초월하는 저 초인적 지혜조차도 우리에게 시간 안에서 주어집니다. 우리가 우리 자신의 지혜를 가지고 있다면 그 지혜도 역시 그러합니다. 그런 것이 바로 플라톤(Plato), 아리스토텔레스(Aristoteles), 토마스 아퀴나스(Thomas Aquinas)의 지혜입니다. 사람들 자신과 마찬가지로 모든 육체의 길이 흘러감에 따라 철학들도 지나갑니다. 어떤 흥미로운 환상에 의해서 우리는 이 세상 어딘가에 스스로 그 자체 안에 자립하는 어떤 철학이 있다고 상상하기를 좋아합니다. 모든 철학자들은 여기에 동등하게 가담하도록 그리고 그 안에 자유롭게 동참하도록 초대됩니다. 그렇다면 왜 좀더 멀리 나아가 그것이 그런 책들 안에 (플라톤 철학이 아니라) 아리스토텔레스나 토마스 아퀴나스의 철학(곧 어느 누군가의 철학이 아니라, 순수하고 단적인 철학)이 포함하고 있는 것과 같이 저장되어 있는 것으로 상상하지 않습니까?

우리는 시도할 것이지만, 문제는 순수하고 단적인 철학이 하나의 존재자가 아니라 순수하고 단적인 본질이라는 점입니다. 만일 '존재자'(ens)가 '존재를 소유하고 있는 것'(habens esse)이라면, 철학자는 하나의 존재자인 데 반해, 철학은 그렇지 않습니다. 정확히, 철학이 지닐 수 있는 유일하게 현실적인 존재(esse)는 철학자의 존재뿐이고, 그래서 철학의 익명성은 그 보편성이라기보다는 오히려 그 현실적 존재성의 결핍을 가리킵니다. 철학적 진리를 보편적인 것으로 만드는 것은 전혀 다른 어떤 것입니다. 우리 모두에게는 그 안에 있는 보편적인 것의 뿌리가 그 자신의 인격성의 바로 중핵과 동일합니다. 모든 사람은 자신의 지성을 통해서 하나의 인격체이고, 양자가 자기 지성을 적절한 발식으로 사용하기만 한다면, 그 동일한 지성을 통해서 그는 다른 어떤 사람이 볼 수 있는 것과 정확히 똑같은 진리를 볼 수 있습니다. 다른 곳이 아닌 바로 여기에 '구원(久遠)의 철학'(philosophia perrenis)의 가능성 자체의 토대가 놓여 있습니다. 왜냐하면 그것은 시대들을 관통하며 어떤 형이상학적 성층권(成層圈)을 떠도는 어떤 영구적인 구름이 아니라, 모든 인간 존재자가 자기 자신의 실존을 통해 어떤 본질을 실현시킬 수 있는 항구한 가능성이기 때문입니다. 이것은 또다시 자기 자신의 지성의 빛 안에서 동일한 진리를 경험할 가능성입니다. 그리고 저 진리 자체는 어떤 익명의 진리가 아닙니다. 심지어 그 절대적이고 자립적인 형식을 취한다고 하더라도, 진리 그 자체는 하나의 이름을 지니고 있는데, 그 이름은 바로 하느님입니다.

일단 이처럼 환상(幻想)들이 흩어지게 되면, 튼튼하고 일관되며 위안이 되는 실재(實在)를 위한 여백이 생겨나게 됩니다. 우리는 의심의 여지없이, 만일 가르치고 배워야 할 어떠한 기성 철학도 없다면, 지혜는 어떤 탐구와 어떤 정복에 대한 보상이라는 사실을 인정해야 합니다. 우리는 모두 고된 방식으로 그것을 쟁취해야 합니다. 하지만 우리의 공통의(상식적인) 노력에서 우리 가운데 어느 누구도 혼자가 아닙니다. 어떤 자립하는 철학이라는 신기루를 포기하는 바로 그 순간 우리는 자신이 친절한 동료 철학자들에게 둘러 싸여 있다는 것을 발견하게 됩니다. 오로지 우리가 그들에게 도움을 청하기만 한다면, 그들은 모두 우리의 과제에서 우리를 도울 채비를 하고 바로 오늘 여기 우리 주변에 있습니다. 그들이 말한 모든 것 안에는, 언젠가 토마스 아퀴나스 자신이 명시적으로 표현했던 것처럼, 그들의 실패까지 포함해서 도움이 될 수 없는 것은 하나도 없습니다. 철학사가가 역사에서 바라보는 것은 어떤 철학이 아니라, 그 원천(源泉)인데, 그는 그것을 오로지 그것들이 있는 곳이 아니라면 다른 어느 곳에서도 발견할 수 없기 때문에, 역사가는 그 자신도 한 실존자로서 그것을 다른 실존자들의 정신 안에서 발견합니다. 그는 그들과 친분을 맺을 수도 있고, 그들의 수효 가운데에서 특히 사랑하는 철학자를 고를 수도 있습니다. 왜냐하면 그는 자기가 선택한 그 철학자가 자기보다 먼저 여러 세기 전에, 자신이 어디를 가고 싶어 하든지 그곳으로 인도할 유일한 소로(小路)로 출범했다는 것을,

처음에는 막연히 느꼈다가 나중에는 확실히 알게 되기 때문입니다. 그때 또한 철학의 역사는 그 고유의 목적에 도달하고, 자기 고유의 철학적 보상을 발견하게 됩니다. 이렇게 해서 하나의 새로운 철학적 삶의 촛불이 또 다른 철학적 삶에 의해서 켜지게 되었습니다. 여기에는 어떤 선물의 제시를 암시하는 그 어떤 것도 없습니다. 오히려 하나의 행위가 다른 하나의 행위에 응답하고, 하나의 실존이 다른 또 하나의 실존을 반영할 뿐입니다. 이런 영적인 탄생에서는 모든 것이 오래고도 새로우며(vetera et nova), 적시적(適時的)이면서도 오래되었습니다.

  이런 어떤 변형(變形) 경험에 적극적으로 나서는 데 있어서 우리가 잃어버릴 것이 무엇이란 말입니까? 자기 제자들의 키에 1인치를 덧붙이는 일은 그 어떤 스승의 역량도 넘어서는 일입니다. 하지만 그는 가장 역량이 큰 제자가 자신의 위대한 역량을 성취할 수 있도록 도울 수 있는 것처럼, 가장 미소한 제자라고 하더라도 적어도 자기 자신의 미약함을 충만히 채우도록 만들어 줄 수 있습니다. 여기에는 어떤 모범이 필요할까요? 하지만 토마스 아퀴나스가 아리스토텔레스의 작품들을 주해하는 데 얼마나 많은 시간과 노력을 들였는지를 기억해 보십시오. 그 작업은 동시에 순수하고 단적인 철학사일 뿐만 아니라, 스승에게 안내를 청하는 한 제자의 노력이기도 합니다. 아리스토텔레스는 스승이었습니다. 왜냐하면 토마스 아퀴나스는 아리스토텔레스를 지칭하고 싶을 때, 언제나 단순히 '철학자'(Philosophus)라고 말했기 때문입니다. 하지만 그의 이런 견습(見習)이 그 제자의 개인적 천품을 거의 어지럽히지 않았기 때문에, 오늘날 '그 철학자'는 과연 누구인가 라는 질문을 받게 된다면, 우리는 주저없이 '토마스 아퀴나스'라고 대답할 것입니다.(*)

제3강
토마스 아퀴나스와 우리의 동료교수들
《프린스턴대학 아퀴나스재단강연: 1953년》

(프린스턴대학교《아퀴나스재단 강연》: 1953)

나는 먼저 이 강연의 다소 알 듯 말 듯한 제목에 대해 해명하고 싶습니다. 내 마음 속에 늘 품고 있던 그 유일한 정당화는 정확히 내가 말하고자 하는 그것입니다. 나는 우리 동료들에게 전할 토마스 아퀴나스의 메시지를 가지고 있는데, 성인의 축일인 오늘이야말로 그러기에 가장 적합한 날이라고 생각하고 있습니다. 하지만 그것을 말하기 전에, 먼저 그와 관련된 나의 개인적 의도에 대해 두 가지를 얘기하고 싶습니다.

첫째, 비록 제가 토마스 아퀴나스를 영적인 아버지이자 안내자로 삼고 있지만, 저는 결코 저 자신의 결론들에 대해 그에게 책임을 전가하고 싶지 않습니다. 이 강연의 제1부에서 저는 그가 그 자신의 말로 자신의 메시지를 전하도록 최선을 다하겠습니다. 한 역사가가 다른 사람의 말을 확실한 것으로 만들 수 있는 한에서, 저는 토마스 아퀴나스가 13세기에 했던 몇 가지 명제들을 전달하고 그 의미를 해명하려고 노력할 것입니다. 둘째, 나는 이 텍스트들에 의해서 제기된 문제들에 대해 나 자신의 해답을 제시하려고 시도할 것입니다. 하지만(이것이 저의 두 번째 예비적 언급입니다만) 저의 해답 시도에 대해서는 결코 토마스 아퀴나스에게 책임이 없습니다. 문제의 기본 본성 때문에, 만일 토마스가 그것에 대해 말한 것이 13세기에 참된 것이었다면, 그것은 20세기에도 여전히 참됩니다. 그러나 이 관습적으로 확립된 진리를 우리 시대에 적용하는 데 이르게 되면, 토마스 아퀴나스의 전집을 참조하는 것은 의미가 없습니다. 해답은 단적으로 거기에 없습니다. 우리 스스로 해결해야 합니다. 이런 이유 때문에 저는 오늘 저 자신이 제시하려 시도하는 해결책에 대해 오롯이 저 자신이 책임을 지고 싶습니다.

[3.1. 일반 교육에서의 철학의 위치]

저는 1951년도 말에 뜻하지 아니하게 이 문제와 직면하게 되었습니다. 한 가톨릭 기관이 저에게 정확히 이 문제에 관해 강연해 줄 것을 요청했습니다: '인문학의 교과과정에서 철학의 위치는 어디인가?' 저의 첫 번째 반응은 '나는 모른다'는 것이었습니다. 저는 모든 가톨릭 대학들이 반드시 자기 학생들에게 철학을 가르친다는 것과, 토마스 아퀴나스에 대해 그들의 애정이 깊으면 깊을수록 확신을 가지고 모든 학생들에게 그의 가르침에 관해 무언가를 배울 기회를 제공하려고 노력한다는 것만큼은 알고 있었습니다. 그리고 참으로 왜 아니겠습니까? 저는 이 매혹적인 초청에서 문제점을 발견할 수 없었습니다. 당연히 '친애하는 학생 여러분, 철학은 지혜 사랑이라는 사실을 잊지 마세요. 지혜는 힘보다 더 고상하지요. 여러분이 알다시피, 현자(賢者)가 강한 사람보다 더 훌륭하기 때문이지요.' 하는 식으로 말하는 것이 언제나 가능했습니다. 하지만 설교하는 것과 가르치는 것은 전혀 다르지요. 그래서 저는, 막연히 이 문제에 대해 전혀 아무런 견해도 없다는 사실이 부끄러워, 서둘러 그 주제에 관한 토마스 아퀴나스의 견해를 찾아보아야겠다는 생각 말고는 다른 생각을 하지 못했습니다. 당연히 저는 그에게 20세기 미국 대학에서 철학을 어떻게 가르쳐야 하는지를 물은 것이 아닙니다. 단지 이렇게 물었지요: '친애하는 토마스 성인님, 당신은 우리가 철학을 일반적으로 어떻게 가르쳐야 한다고 생각하시나요?' 저는 한 가지 답을 얻었고, 그때 이래로 계속 그것에 관해 염려해왔습니다. 저 자신의 마음의 평화만을 생각한다면, 차라리 그 답을 듣지 않았더라면 더 좋았을 것입니다.

아리스토텔레스의 『니코마코스 윤리학』을 주해하면서 토마스는 제1권 제2장을 만나게 되었는데, 거기에서 단련된 철학자였던 '그 철학자'(the Philosopher=Aristoteles)는 스스로 정치철학을 누구에게 가르치는 것이 좋은지를 묻고 있습니다. 그의 대답은 어쨌든 젊은이들에게는 아니라는 것입니다. 누구든 자신이 잘 아는 일에 대해 올바른 판단을 합니다. 그런데 정치철학은 젊은이가 경험한 적이 없는 문제들을 취급합니다. 그렇다면 어떻게 젊은이가 자신이 잘 알지 못하는 문제들에 대해 정확한 판단을 내릴 수 있겠습니까? 이것은 우리 현대인의 귀에는 다소 낯설게 들립니다. 아무도 자기 학생들에게 다음과 같이 말하는, 정치철학(또는 정치학) 교수를 상상하지 않습니다: '여러분, 여러분은 도시나 국가의 정치 생활이 연루되어 있는 문제들에 대해 정확한 판단을 내리기에는 너무 젊습니다. 그러니 일단 집으로 돌아가십시오. 그 동안 어떤 다른 공부를 하고 계시지요. 몇 년 뒤 여러분이 정치적 경험들을 쌓게 되면, 여러분도 이 성인들의 경기에 얼마든지 참여하실 수 있을 것입니다.'

　하지만 이것은 현명한 조언이 되지 못할 것입니다. 정치철학 교수들 자신이 매일매일의 신문을 읽는 것 밖에는 정치적 경험이 거의 없다는 사실과는 별개로, 현대 젊은이들에게 그들이 받아들이기에 적절치 않은 어떤 가르침이 있다고 말하는 것은 모욕적인 일이 될 것입니다. 이것은 명백한 정신적 폭행이라 할 수 있습니다. 오히려 말하기에 적절한 것은, 바로 젊은이들이 정치 생활에 의해서 아직 부패하지 않았기 때문에 그들이 그것에 대해 완전히 개방적인 정신을 지니고 있다는 것입니다. [이 점을] 충분히 헤아리기 위해서, 우리가 (그 어떤 시민도 다른 시민과 마찬가지로 선량한) 민주 사회에 사는 특전을 누리고 있기 때문에, 남녀 젊은이들이 이런 문제들에 대해 목소리를 높이는 것을 주저하지 말아야 한다고 덧붙이는 것은 훌륭한 수사학적 신중

함일지 모릅니다. 정치적 공동선(公同善, bonum commune)의 책임은 그들의 것이고, 또 그들이 곧 투표할 권리를 가지게 될 것이기 때문에, 누가 그들이 정치철학의 적절한 청중이 아니라고 말할 권리를 지니고 있단 말입니까?

저는 그런 충고가 건전한 것이 아니라는 것을 시사하려는 것이 아닙니다. 저의 유일한 요점은, 이것이 전혀 아리스토텔레스가 말한 내용이 아니라는 점입니다. 그리고 마치 사태를 더 악화시키기라도 하려는 듯이, 철학자는 자신의 견해를 지지하는 한 가지 이유를 더 대고 있습니다. 그는 정치철학이 사변적 학문(speculative science)이 아니라, 실천적 학문(practical science)이라고 말합니다: 그것의 목적은 인식이 아니라, 행동입니다. 내가 스스로 정치생활의 목표와 목적에 관해 질문을 던질 때, 나의 궁극적 관심은 나 자신이 그것에 관해 무엇을 해야 하는지를 아는데 있습니다. 그런데 정치적 문제들은 바로 실천적인 것들이기 때문에, 그것들에 대한 논의는 공평무사한 판단을 요구합니다. 하지만 이것은 우리 시대에 대중적인 관점이 아닙니다. 적어도 저 자신의 나라에는, 진정한 것이기 위해서 생각과 기술이 (그들의 표현대로) "연루되는"(engaged) 새로운 사상 학교 또는 심지어 예술 학교도 있습니다. 연루되는 사고는 격렬한 사고입니다. 그런데 아리스토텔레스는 호기심이 많은 사람이었습니다. 그는 우리가 그것이 무엇인지를 알기 위해서 정치학(politica)을 출범시키고, 철학적 성찰의 나이에 이르렀을 때 이 열정적으로 획득된 경험을 냉정한 방식으로 판단하기 위하여 상륙시키기를 원했습니다. 젊은이들은 단적으로 이 어려운 과제를 수행할 나이에 이르지 못했다고 아리스토텔레스는 생각했습니다. 그들은 행동의 관점에서 요구되는 열정이 모자란 것이 아닙니다. 오히려 그들은 철학적 사변을 위한 시간이 무르익을 때까지 그것들을 잊을 수 없을 정도의 열정으로 가득 차 있습니다. 그런데, 제발, 아리스토텔레스가 시대에 뒤진 철학자여서 그의 견해들이 우리에게 전혀 중요하지 않다고 말하지는 말아 주세요. 사실상의 문제로서, 그것들은, 견해'로서'(qua)는 전혀 중요하지 않을지 모릅니다. 다만 그가 이번에는 사실들에 관해 말하고 있었습니다. 그렇다면 그 어떤 추상적 추론에도 맞서 보증하는 저 절대적이고 열정적인 정치적 확신들에 적합한 나이는 도대체 몇 살입니까? 스무 살? 스물다섯 살? 아니 어쩌면, 만일 그들 자신이 결코 행동하지 않기 때문에 실제 정치 생활이 어떤 추상적인 정치 철학보다 두 배나 걸린다고 진지하게 믿는 게으른 몽상가의 정신 속에 살아남는다면 더 늦은 나이일지도 모릅니다. 젊음은 사람이 열정적이어야 하는 시기입니다. 왜냐하면 그때가 바로 행동과 자기희생의 시기이기 때문이지요. 아리스토텔레스가 말하는 것은 바로 젊음이 행동하기에 적절한 때이기 때문에, 사변하기에는 적절한 때가 아니라는 것입니다.

그리고 토마스 아퀴나스는 이 점에 대해 뭐라고 말하고 있을까요? 그는 단적으로 조금 더 나아갈 뿐입니다. 아리스토텔레스는 주로 정치철학에 관심을 기울였습니다, 매우 간결한 솜씨로 토마스는 아리스토텔레스로부터 다음과 같이 훨씬 더 광범위한 결론을 도출합니다: "아리스토텔레스는 자신이 입증하고자 했던 결론에 이른다. 곧 젊은이는 정치학의 적합한 청중이 아니고, 또한 정치학에 포함되는 '윤리학(ethica) 전체'의 적합한 청중도 아니라는 것이다." 그런데 만일 우리가 학생들에게 그 어떤 윤리학도 가르쳐서는 안 된다는 것이 사실이라면, 우리 동료들에게 사태는 더욱 당혹스러워지게 됩니다. 이 문제를, 제한적이기는 하지만 몇몇 나라에도 적용될 수 있는 저 자신의 경험에 비추어 본다면, 대학들이 다른 모든 철학과목들을 빼고 단 한과목만 가르쳐야 한다면, 나는 그 살아남은 한 가지가 바로 윤리학이라고 말하고 싶습니다. 그 이유는 명백합니다: 그것은 우선 철학적 사변에 관한 것이 아닙니다. 전제주의적 국가들이 일종의 정통 윤리(ethical orthodoxy)를 촉진하는 데 깊은 관심을 기울이는 곳에서 그들은 그것이 교육되어야 한다는 것을 알고 있습니다. 민주국가들에서는 윤리 교육이 대학에서는 가르칠 수 없는 종교 교육에 대한 일종의 대체물 역할을 하고 있습니다. 그러나 토마스 아퀴나스는 마음속에 다른 생각을 품고 있습니다: 곧 도덕적 활동의 규칙들에 관한 순수 지성적 사변인 도덕 '철학'입니다. 궁극적으로 윤리학은 행동에 관한 것이지만, 그 고유한 기능은 우리의 윤리적 결단들이 열정적인 행동의 열기 속에서도 한결같아야 한다고, 객관적이고 냉정한 이성에 비추어서 우리에게 말해주는 것입니다. 이런 태도에, 젊음의 자발적 반응은 아리스토텔레스가 현학자(衒學者)였다는 것입니다. '아리스토텔레스는 물러가라'고 그들은 말합니다. 만일 저 노인이 우리가 생명력으로 가득 차서 열정이 가득하다는 것을 이해하지 못한다면, 우리는 그의 강좌를 어떻게든 듣고 싶어 하지 않을 것입니다. 그렇습니다. 하지만 거기에는 아무 문제가 없습니다. 왜냐하면 이것이 바로 아리스토텔레스와 토마스가 그들에게 윤리학을 가르치기를 거부하고 있는 그 이유니까요. 젊음은 도덕철학에 관해 사변하는 것과는 매우 다른, 적절한 도덕적 훈련을 받아야 하는 시기입니다. 토마스 아퀴나스가 말하는 것은 간결하면서도 단순합니다: "도덕적 학문은 사람들에게 이성을 따르고, 그들이 욕망이나 분노와 같은 영혼의 정념들에 매혹적으로 느껴지는 것들을 피하라고 가르친다." 젊은이들은 통상적으로 열정적이기 때문에, 그들에게 도덕적 문제들을 냉정하게 논하라고 요구하는 것은 아무 소용이 없습니다. 그들을 몇 년 내버려둬야 합니다.

시간과 나이가 제 역할을 할 겁니다. 저 소년 소녀들은 침착해질 것입니다. 나중에 만일 그들이 아직도 철학을 연구하는 것으로 느껴진다면, 토마스 아퀴나스는 기꺼이 그들에게 윤리학을 가르칠 것입니다.

 저는 아무리 그가 말하는 것에 기초를 둔 것이라고 하더라도 저 자신의 이론을 토마스에게 전가하고 싶지 않기 때문에, 저는 그가 이 문제에 관해 명시적으로 표명한 한 가지 언급을 덧붙여야 하겠습니다. 그의 결론에 대한 준비된 반론은, 그 도덕성이 그들의 젊은 시절에 그랬던 것보다 그들의 늙은 나이에 더 비틀거리는 노인은 매우 드물다는 것입니다. 그러므로 어떤 사람이 늙었다는 사실이 우리가 그에게 윤리학을 가르쳐야 하는 이유가 되지는 못합니다. 여기에 대해 토마스는 참으로 그렇지 않다고 덧붙일 따름입니다. 아무리 그의 나이가 많다고 하여도, 만일 자신의 젊음의 정념들을 벗어나지 못했다면, 그는 아직 도덕철학을 들을 학생 자격이 없습니다. 그러나(그리고 이것이야말로 제가 강조하려는 요점입니다만) 그 반대도 사실이 '아닙니다.' 설령 그가 그의 젊음에서 조숙하게 도덕적 성숙에 이르렀다고 하더라도 젊은이는 아직도 이 연구를 할 자격이 없습니다. 그 이유는 단순합니다. 도덕철학은 도덕적 활동을 내다보는 사변(思辨)입니다. 그가 아무리 도덕적으로 성숙했다고 하더라도 젊은이는 저 문제들에 대한 철학적 사변에 요구되는 지적 성숙을 결(缺)하고 있습니다. 토마스 자신의 말을 들어 봅시다: "나이에 있어서 젊은이가 이 학문이 인식을 목표로 삼는 한에서 그 목적에 잘 어울리지 못하는 것과 마찬가지로, 행동에 있어서 젊은이가 저 학문이 행동을 목표로 삼는 한에서 그 목적에 미치지 못한다."[1] 만일 우리가

---

1. 우리가 이 점을 강조하는 것은 토마스 아퀴나스의 텍스트가 종종 자신의

어떤 허점을 찾고 있었다면, 우리는 토마스 아퀴나스가 조심스럽게 마지막 것[?]을 멈추었다는 사실에 직면하기로 합시다. 그가 우리의 동료들에게 말하고 있는 것은 단적으로, 윤리학과 정치철학의 교수들로서 그들이 어떤 젊은이들을 학생으로 두어서는 안 된다는 것입니다.

이것이 끝이 아닙니다. 토마스의 마지막 인용구는 다소 혼란스러운 요소를 포함하고 있습니다. 그것을 좀더 자세히 살펴봅시다. 만일 도덕적으로 성숙한 어떤 젊은이가 아직도 단지 그가 젊기 때문에 아직도 '지적' 성숙을 결(缺)하고 있다면, 우리의 결론은 윤리학과 정치철학의 질서들을 훨씬 너머로까지 확장해야 한다는 것입니다. 그는 또한 다른 것들과 관련해서도 미숙해야 할 것입니다. 사실상 그는 미숙하다고 토마스는 말합니다. 동일한 『니코마코스 윤리학 주해』의 다른 구절에서 그는 기꺼이 철학자의 한 명제를, 소년들이 수학자(數學者)는 될 수 있지만 자연학자(自然學者)나, 더더욱 형이상학자(形而上學者)는 될 수 없다는 데까지 발전시키고 있습니다. 수학은, 단순하기에 충분할 만큼 추상적입니다. 하지만 적어도 그 초기에는 정신이 접근할 수 있는 대상을 제공하기에 충분할 정도로 구체적인 실재(實在)에

통상적 입장을 누그러뜨리는 것으로 오해 받기 때문이다. 토마스는 노인이라 할지라도 그가 만일 자신의 정념들을 장악하지 못해 이런 종류의 연구를 할 자격이 없는 채로 남아 있다면, 아직 윤리학을 연구하기에 너무 젊을 수 있다는 것을 받아들인다. 하지만 토마스는 결코 '젊은이'(juvenis)가 자신의 정념들을 장악했다면 윤리학을 연구할 자격이 있다고 말하지 않았다. 도덕적으로는 성숙하였더라도 그는 아직 지성적으로 미숙한 채로 남아 있을 수 있다. 그는 도덕적 사변이 아니라 도덕적 행동에 준비가 되어 있는 것이다. "그런데 나이가 젊은 청년이 이 학문의 목적인 지식을 가지고 있지 못한 것처럼, 도덕적으로 미숙한 청년은 그 목적인 행동에 미치지 못한다."(Quia sicut juvenis aetate deficit a fine hujus scientiae qui est cognitio, ita et ille qui juvenis est moribus deficit a fine qui est actio.)(*In Ethic.*, I, lect.3, ed. R. M. Spiazzi, OP, Roma, Marietti, 1949, nn.38-40, pp.10-11).

가까운 채로 남아 있습니다. 만일 그에게 이런 연구에 충분한 천품이 주어진다면, 소년은 수학을 매우 신속하게 배울 수 있습니다. 사실상 학문들의 역사에는 조숙한 수학 천재들이 많습니다. 하지만 자연학(自然學, physica)에서는 사정이 이미 다르다고 토마스는 말합니다. 자연 과학은 많은 경험을 요하고, 또 경험은 많은 시간을 필요로 합니다. 그런데 시간[곧 나이]에는 그 정의상 젊은이들이 아직 도달하지 못했습니다. 그러므로 우리가 우리 학생들을 자연학자로 만들 희망은 매우 희박합니다. 그리고 이전 것과는 전혀 다른 또 다른 이유로 우리가 그들을 형이상학자로 만드는 데 성공할 가능성은 전혀 없습니다.

 형이상학(形而上學, metaphysica)의 대상은 순수하게 가지적 (intelligible)인 것입니다. 참으로 우리의 모든 인식들은 어떤 가지적인 것에 연관된 것이어야 합니다. 그렇지 않으면 그것들은 전혀 인식이 아닐 것입니다. 하지만 형이상학은 그 대상이 감각적 인식과 사상을 넘어 파악되어야 한다는 점에서, 인식의 다른 유형들과는 다릅니다. 절대적으로 말해, 이것은 심리학적 불가능성입니다. 형이상학자의 지성은 다른 여느 인간 지성과 같습니다: 그것은 그 소재를 감각 지각(感覺知覺)으로부터 도출하고, 결코 영상들이 없이 사고하는 법이 없습니다. 하지만 정확히 형이상학적 사변은 실재의 테두리 안에서 또는 그것을 넘어, 지각될 수도 없고 상상될 수도 없는 요소들에 도달하려는 특별한 노력을 요구합니다. 이 경우에 감각과 영상들은 도움이 되기는커녕 오히려 장애가 됩니다. 그런데 토마스는 이렇게 말합니다: "젊은이는 상상력의 범위 안에 드는 것들을 쉽게 포착할 수 있지만, 감각과 상상을 둘 다 벗어나는 것에 이르게 될 때에는 그들의 정신은 그것을 획득하지 못한다. 그것은 부분적으로는 그들의 지성이 아직 그런 종류의 성찰 훈련을 받지 못했기 때문이기도 하고, 또 부분적으로는 그것들의 본성에 있어서의 많은 변화 때문이기도 하다." 토마스는 이 본성에 있어서의 수많은 변화들(propter plurimas mutationes naturae)로 무엇을 의미하고 있을까요? 그는 말하지 않습니다. 지금껏 여러분은 분명히 제가 아리스토텔레스에 대한 성 토마스의 주해를 주석하고 있다고 깨달으셨겠지만, 저는 분명 제가 그의 사상을 벗어나지 않았다고 확신합니다. 반면에 이번에는 운에 맡기고 도전할 수밖에 없습니다. 그러므로 저는 용기를 내서 다음과 같이 제안합니다: 토마스 아퀴나스에 따르면, 형이상학적 사고는 인간의 몸이 일정한 나이 이전에는 도달하지 못하는 어떤 생리학적 성숙을 전제합니다. 실천적으로 무수히 많은 심리학적 고찰들의 영역에 들어가지 않은 채 저는 다음과 같이 제언하기를 청합니다: 토마스 아퀴나스는 인간의 '본성'에 발생한 변화들에 대해 말할 때 저와 같은 것을 마음에 품고 있었습니다. 대단히 확실하게, 그가 그것을 자주 말했기 때문에, 그는 젊음의 정념들이 심지어 추상적인 형이상학적 사고에서조차도 방해가 된다고 생각하였습니다. 그러나 저는 그가 이것 이상을 보았다고 생각합니다. 제가 그렇게 생각하는 이유는 다음과 같습니다.

  토마스의 설명을 읽을 때, 누군가는 독자가 자신이 읽고 있는 내용을 좋아하지 않을 때의 통상적인 반응에 따라 '토마스는 그것을 의도한 것이 아니야'라고 생각하며 그의 결론을 제거하려는 유혹을 받을지 모릅니다: 저는 그가 그것을 실행하지나 않을까 두렵습니다. 그런데 토마스는 자기보다 1,600년이나 전에 아리스토텔레스가 보았던 것을 그저 담담하게 재진술하고 있을 뿐입니다. 그리고 아리스토텔레스는 그것을 보았는데, 그것은 그가 철학자였기 때문이 아니라, 그가 유능한 철학 교수였기 때문입니다. 그 자신의 말로 요약하자면, 그의 개인적인 경험은 그것이 형이상학적 명제들에 이르렀을 때 "젊은이는 이해하지 못하고, 단지 말할 뿐"이라는 것입니다.(*Ethic. Nic.*, VI, 8, 1142a19-20)
　젊은이들이 이해하지 못하는 것은 용어들의 추상적 의미를 포착할 수 없어서가 아니라, 그것들이 형성하는 명제들의 의미에 그들이 동의할 수 없기 때문입니다. 여기서 다시 그들이 어떤 허점을 찾고 있었다면, 토마스 아퀴나스가 조심스럽게 그 마지막 것[?]을 중지하고 있다는 사실에 직면하도록 합시다. 우리는 그로 하여금 다음과 같이 말하게 만들고 싶은 것인지 모릅니다: 젊은이들은 형이상학자가 될 수 없지만, 그들에게 지금 형이상학을 가르치도록 합시다. 그러면 그들은 그것을 나중에 이해할 것입니다. 그러나 그의 정확한 요점은, 이해될 수 없는 것은 전혀 가르칠 수 없다는 것입니다. 이 소년들은 그들이 입으로 말하는 것을 그들의 정신 속에 가지고 있지 않다(non attingunt mente, licet dicant ore)고 토마스는 말합니다.[2] 평범한 언어로 번역되었을 때 이것은 형이상학을 배우고자 하는 젊은 학생들이 다만 자기들이 이해할 수 없는 말들을 반복하도록 가르침을 받을 수 있을 뿐이라는 것을 의미할지 모릅니다. 잘 알려진 종류의 새들도 그와 같은 것을 할 수 있습니다. 다만 이 새들이 학습하고 있는 내용은 보통 형이상학보다 더 재미있습니다.

---

2. "젊은이들은 지혜에 속하는 것, 곧 형이상학적인 것을 믿지 않는다. 다시 말해 입으로는 말하지만, 마음에 새겨 두지는 않는다."(Juvenes sapientialia quidem, scilicet metaphysicalia, non credunt, id est non attingunt mente, licet dicant ore)(*In Ethic.*, VI, lect.7; nn.1209-11, pp.330-31). 여기서 '믿는다'(credunt)의 의미는 명백하다. 젊은이들은 형이상학적 용어들의 의미를 파악할 수 없기 때문에, 그 용어들로 구성되는 명제들에 동의할 수 없다. 그 결과는, 그들의 지성에는 형이상학적 진리가 있을 수 없다는 것이다. 다시 말해, 형이상학이 전혀 있을 수 없다. 아리스토텔레스는 좀 더 통명스럽게 말한다: "그들은 동의하는 것이 아니라, 그저 말할 뿐이다."(Aristoteles, *Ethic. Nic.*, VI, 9, 1142a19-20)

[3.2. 현대적 해결의 시도]

이런 텍스트들 앞에서는 두 가지 반응이 가능합니다. 첫째, 우리는 그것들에 주의를 기울이지 않기로 작정할 수 있습니다. 나는 서둘러 이것이 건전한 사회적 태도라고 말하고 싶습니다. 하지만 저는 여러분에게 그것을 택하라고 너무 강하게 권할 수는 없습니다. 곰곰이 따져 보면, 철학적 결론들은 골칫거리를 의미합니다. 철학은 관념들에 관한 것이고, 관념들은 구체적 실재가 관념들로 이루어지지 않았다는 단순한 이유 때문에 본질상 혁명적입니다. 그것은 우리가 그로부터 (이 가운데 어느 것도 거기서 그 순수성 안에서 발견되지 않는) 순수한 관념들을 도출하는 혼란스러운 복합물입니다. 모든 위대한 혁명들은 자유, 평등, 형제애, 인종, 계급 등 어떤 관념의 힘을 통해서 그리고 막연하게 수행되고, 그것들은 모두 실재[기존 현실]를 엉망으로 만듭니다. 그렇지만 이 순수 관념들이 없이는 실재는 아무런 의미가 없을 것이고, 우리는 실재를 그것들에 비추어 질서지으려고 시도해야 합니다. 우리는 적어도 관념들에 직면해야 하고, 정직하게, 두려움 없이, 그리고 맹목적으로 사태가 구전적(俱全的)으로 그들에게 적합해질 수 있으리라 기대하지 않은 채, 또는 더욱 맹목적으로 그것들을 (만일 그것들이 보이지 않는다면 그 필연적인 귀결들도 착수하지 않으리라는) 희망 안에서 보기를 거부하지 않은 채 직면해야 합니다. 우리에게는 다행스럽게도 그 문제는 인간 사회의 미래와는 아무 상관도 없습니다. 토마스 아퀴나스는 단순하게 우리에게 (그 실천적 귀결들이 우리의 동료 철학 교수들에게 영향을 미칠 뿐인) 한 명제를 대면시키고 있습니다. 우리는 계속해서 젊은 학생들에게 형이상학과 윤리학을 가르쳐야 합니까?

먼저 분명히 당신이 마음속에 품고 있을 한 질문에 대답하고 싶습니다: 내가 '젊다'고 부르는 것은 무엇입니까? 제가 '젊은이' 또는 '젊은 사람'이라고 부를 때, 저는 토마스 아퀴나스가 그 주해서에서 사용한 'juvenis'라는 라틴어 단어에 대한 문자적 해석을 시도한 바 있습니다. 당연히 질문이 솟아오릅니다: 토마스는 이 단어를 사용할 때 마음속에 무슨 생각을 품고 있었을까요? 첫 번째 지시는 그의 『원인론 주해』로부터 우리에게 옵니다. 거기에서 토마스는 연로한 철학자들이 따랐던 연구 과정들을 묘사하면서, 그들이 현명하게도 자신들 생애의 뒷부분을 형이상학과 윤리학 연구에 할당했다고 말합니다. 이 텍스트는[3] (그리고 이것은 논란의 여지가 없는 것입니다만) 토마스 아퀴나스에게 젊은이란 15세 소년이었다는 것을 의미하는 것이 될 수는 없습니다. 20세라고 하더라도 사람은 아직 자기 생애의 뒷부분에 도달한 것이 아닙니다. 영국의 13세기 프란치스코회 수도자인 로저 베이컨(Roger Bacon)에 따르면 '젊음'(juventus)이란 30세 이후에 끝났습니다.[4] 만일 이것이 사실이라면, 우리의 동료들은 형이상학, 정치철학, 윤리학 과목에 대한 자기 학생들의 등록 명부에서 가파른 탈퇴를 예상해야 할 것입니다. 30세 이하의 모든 청

---

3. "이리하여 철학자들의 의도는 주로 이것을 겨냥하고 있다: 곧 그들이 사물들 안에서 무엇을 고찰하든, 그것을 통해서 그들은 제1 원인들에 대한 인식에 이르게 될 것이다. 바로 그렇기 때문에 그들은 제1 원인들에 관한 학문을 마지막에 두고 자신들 삶의 마지막 부분을 그것에 대한 고찰에 배당한 것이다. 그들은 먼저 학문들의 방법을 가르치는 논리학(logica)으로 시작하고, 둘째로는 소년들도 학습할 수 있는 수학(mathematica)으로 넘어가며, 셋째로는 그것을 얻는 데 필요한 경험 때문에 시간을 요구하는 자연철학(physica)을 배우고, 넷째로는 젊은이들에게는 적합하지 않은 도덕철학(ethica)을 탐구하고, 마지막으로 사물들의 제1 원인들을 대상으로 삼는 신적인 학문(scientia divina)에 이르게 된다."(*In De causis*, lect.1.; in *Opuscula*, ed. P. Mandonnet, OP, I, p.195)
4. Roger Bacon, *Compendium studii theologiae*, ed. Brewer, Opera inedita, p.412.

년들은 우리의 동료들과 대학들로부터 돌아서야 하고, 30세 이후에 새로 응시하도록 초대되어야 할 것입니다. 나는 엄격한 필요 이상으로 문제를 복잡하게 만들고 싶지 않기 때문에, 베이컨과 토마스 아퀴나스에게 소녀들은 어떻게 해야 하냐고 묻지 않을 것입니다. 우리는 모두 30세의 여성들이 아직도 그들 젊음의 끝과는 거리가 멀다는 데 동의할 수 있습니다. 저의 요점은, 토마스가 결코 10대들이 형이상학과 윤리학 수업을 듣는 시대를 내다보지 못했다는 것입니다. 저는 우리가 더 이상 13세기에 살고 있지 않다는 사실을 잘 알고 있습니다. 젊은이들에게 형이상학을 가르치는 것에 대한 토마스의 반론들 가운데 하나는 그런 연구들이 "상상력을 넘어 강력한 지성을 요구한다"는 것이었습니다.[5] 그들의 중세 자매들과는 달리 현대 소녀들은 상상력을 넘는 것을 어려워하지 않는다는 것을 인정하더라도, 토마스는 아직도, 그들이 형이상학이나 윤리학과 씨름하기 전에 그들 청춘의 끝을 기다려야 한다고 주장할 것입니다. 로저 베이컨과는 다른 그 자신의 계산법에 따르면, 사춘기(adolescentia)는 25세에 끝나고, 젊음(juventus)은 50세에 끝나며, 노년(senectus)은 70세에 끝나고, 그 이후에 노후(senium)가 오는데, 그것은, (토마스는 차분하게 말한다) 끝까지 지속됩니다. 토마스는 분명 여성성에 관한 한, 현대의 청춘 개념을 7세기나 선취하고 있습니다. 하지만 우리의 문제와 관련해서는 이것은 남녀 모두에게 철학적 삶이란 50세에 시작된다는 것을 의미합니다. 우연히 이것은 내가 이 강연에서 인용하는 토마스 아퀴나스의 세 번째 작품인데,[6] 그것들은 모두 동의합니다: 1) 젊은이들은 형이상학을 연구하기

---

5. *In Ethic.*, VI, lect.7, ed. Spiazzi, n.1211, p.331.
6. *In Sent.*, IV, d.40, explanatio textus.

에 적합하지 않다. 2) 젊음은 50세에 끝난다. 3) 옛 철학자들은 흔히 자기들 삶의 뒷부분을 형이상학 연구에 배당하였다. 저는 이것이, 그의 가르침 가운데 특별히 중요한 부분이라고 보지는 않습니다. 저의 유일한 요점은, 그가 이것을 말했고, 거기에서 벗어나지 않는다는 점입니다.[7]

당신은 얼마든지 왜 우리가 몇몇 낡은 텍스트를 두고 왈가왈부해야 하는지 의아해 할 수 있습니다. 저는 (다른 어느 누군가 그래야 한다고 말하고 있는 것은 아니지만) 그들이 말하고 있는 것이 저 자신의 경험과 일치하기 때문에 말하고 있다고 고백하고 싶습니다. 저는 어떤 20세의 젊은이가 열정적으로 형이상학적 문제들에 관심을 기울였음을 뚜렷이 기억하고 있습니다만, 그가 형이상학자들을 이해할 수 없었다는 사실을 충분히 깨닫고 있습니다. 그는 철학을 가르치기 전에 그것을 배우기 위해서 자신의 때를 기다려 철학의 역사를 가르치는 것이 현명하다고 생각했습니다. 몇 해가 지난 뒤에 그는 철학사가 철학 자체와 마찬가지로 동일한 지성적 성숙을 요구한다는 점을 깨닫기 시작했습니다. 왜냐하면 당신이 만일 철학자에 속하지 않는다면, 철학자들이 말한 것을 얼마든지 보고할 수는 있겠지만, 그것을 이해할 수는 없을 것이기 때문입니다. 그들의 말들은 여러분의 입에 있지만 그 관념들은 여러분의 마음 속에 있지 않을 것이라

---

7. 나는 철학자의 역량을 넘는 문제들에 들어감이 없이, 비록 어떤 사람이 윤리학을 배우는 데에는 너무 젊을 수 있지만, 성인(聖人)이 되는 데에는 결코 너무 젊을 수 없다는 사실을 지적하고 싶다. 마찬가지로 그가 비록 형이상학자가 되기에는 너무 젊을 수 있겠지만, 신학자가 되기에는 너무 젊지 않을 것이다. 사실 신학자는 형이상학을 알 필요가 있지만, 형이상학을 신학을 바라보며 그리고 신학과 연관지어 연구하는 것은 그 연구 과정이 아리스토텔레스와 토마스 아퀴나스에 의해서 묘사된 철학자들의 경우와는 다른 경우이다. 이것이 토마스 아퀴나스의 입장이라는 점은 그가 집필한『윤리학 주해』(*In Ethic.*, VI, lect.7, I, 2; ed. Pirotta, n.38)로부터 명백하다.

고 토마스는 말할 것입니다. 그때 그는 왜 앙리 베르그송(Henri Bergson)이 자신의 미래 역사가들에 대한 지속적인 두려움 속에서 살았는지를 이해하기 시작할 것입니다. 예술 비평가들이 예술가들이 하는 것에 대해 자신이 생각하는 것을 말하는 것과 마찬가지로, 철학사가들도 철학자들이 무슨 생각을 하는지에 대해 자신들이 이해한 것을 말합니다. 두 경우에 모두 그것은 그리 대단한 것이 못됩니다.

그렇지만 아무 문제도 없다고 생각하는 우리 동료들의 생각과는 언쟁을 벌이지 않을 것입니다. 저 자신의 유일한 언쟁 상대는 저 자신입니다. 만일 토마스가 말한 것이 사실이라면, 내가 그것을 이해할 수 없을 나이에 나는 무슨 권리로 철학을 가르쳤단 말입니까? 그리고 나는 무슨 권리로 아직도 철학적 나이에 이르기 훨씬 전인 소년소녀들에게 그것을 가르쳐야 한단 말입니까?

[3.3. 성 토마스의 모범]

이 질문에 대해 나의 첫 번째 방어 반응은 토마스에게 "당신은 그것을 어떻게 처리하셨나요?"라고 묻는 것입니다. 왜냐하면 참으로 토마스가 이 모든 것을 썼을 때, 그는 자신의 삶 전체가 그 자신의 말들에 단적으로 반대된다는 사실을 모를 수 없었기 때문입니다. 그가 1274년에 죽었을 때, 그의 나이는 49세였는데, 바로 자신이 형이상학 과목 학생들에게 요구한 적정 연령에 1년이 모자라는 나이였습니다. 그 자신의 계산에 따르면, 그는 결코 청춘의 끝에 이르지 못했습니다. 하지만 그는 우리에게 자신의 프렛테판(Frette ed.) 전집 34권을 남겨 주었고, 아무도 그것들이 형이상학과 윤리학으로 가득 차 있지 않다고 말할 수 없습니다. 그러나 그것으로 끝이 아닙니다. 그가 1256년에 자신의 획기적인 논고 『존재자와 본질』(De ente et essentia)을 집필하였을 때, 그의 나이는 형이상학을 이해하기에는 거의 20년이나 젊은 31세였습니다. 그 나이에 그는 그 어떤 형이상학적 발견을 할 권리가 없었습니다. 그런데 그는 발견했습니다. 1245년 알베르투스 마뉴스의 지도 아래 형이상학을 배우기 시작했을 때, 토마스는 20세였습니다. 알베르투스는 그를 그의 수도원으로 돌려보내며 형이상학적 문제들에 감히 접근하기 전에 30년을 더 기다려야 한다고 말해야 했을 것입니다. 그랬더라면 그것은 너무도 나쁜 일이었을 겁니다. 왜냐하면 30년 뒤에 그 늙은 교수는 아직 살아 있었겠지만, 그 학생은 죽었을 것이기 때문입니다. 토마스 아퀴나스에 대한 나 자신의 질문은 이것입니다: 당신은 어떻게 당신 자신의 가르침과 당신 자신의 삶을 화해시키셨습니까? 왜 우리는 20세의 학생들에게 논리학을 넘어 철학을 가르치기를 주저해야 합니까? 그것은 정확히 당신 자신이 철학을 배운 나이 아닙니까?

    토마스 아퀴나스는 이 질문에 대해 답변을 한 적이 없습니다. 왜냐하면 그 자신이 그것을 물어본 적이 없기 때문입니다. 그런데 그 질문이 결코 그의 생각에 떠오른 적이 없었다는 바로 그 사실이 대답의 중요 요소입니다. 우리가 방금 묘사한 것처럼 크게 일관되지 못한 입장 속에 그가 놓였더라면, 그는 그것을 알아챘을 것입니다. 35세나 40세쯤 되었을 때, 아무도 50세가 되기까지는 형이상학을 연구하지 말아야 한다고 말하는 형이상학적 논고를 쓰는 사람이라면, 그가 말하고 있는 것과 그가 행하고 있는 것 사이의 균열을 지각했을 것입니다. 그것을 알아채는 것은 형이상학적 천재성을 요하는 일이 아닙니다. 나 자신의 제언은, 토마스 아퀴나스가 그 모순을 느끼지 못한 이유는 그의 정신 속에 그것이 없었기 때문이라는 것입니다. 그러나 토마스 자신의 정신 속에 어떤 모순이 존재하지 않았던 그 까닭에 대한 설명은 많은 현대 독자들에게 걸림돌처럼 들릴 것입니다. 오늘날 만일 우리가 어떤 신학자에게 당신이 철학자가 아니라고 말한다면, 그는 모욕적으로 느낄 것입니다. 하지만 우리가 토마스 아퀴나스에게 당신은 철학자라고 말했더라면, 그는 모욕을 당했다고 느꼈을 것입니다. 진실을 전부 말하자면, 나는 토마스가 그 명제의 의미를 이해했으리라고 생각하지 않습니다.

잠시 엄밀히 역사적인 무대로 돌아가, 13세기에 '철학자'라는 단어가 매우 간결한 의미를 가지고 있었음을 관찰하기로 합시다. 그것의 최초의 의미는 '이교도'였습니다. 이 관점에서 볼 때, 우리는 오늘날 대단히 많은 철학자들을 가지고 있어야 합니다. 다만 그들 대부분은 철학을 하기에는 어쩌면 너무 젊을 뿐입니다. 젊은 이교도들은 매우 지성적일 것입니다. 그들 가운데 어떤 이들은 결국 매우 위대한 철학자들이 되었지만, 그들이 젊기 때문에, 철학 작업을 할 대상을 가지고 있지 않습니다: 그들은 종교적 신앙에 의해 도움을 받지 않은 자연적 이성만으로 비록 형이상학적 질문들을 던지지는 않더라도 적어도 소박하게 그들의 답들을 받아들일 준비가 되어 있는 나이에 아직 도달하지 못한 것입니다. 그렇지만 13세기에는 사정이 달랐습니다. 철학에 관심을 기울이던 사람들은 모두 그리스도인들이었습니다. 실상 그것을 가르치고 있던 이들은 모두 수도자(修道者)들이거나 사제(司祭)들 또는 적어도 신학도(神學徒)들이었습니다. 그리고 그들은 철학자들이 되기를 원했기 때문에 철학에 관심을 기울인 것이 아니라, 적어도 대부분의 경우에 그들이 신학자가 되기를 원했기 때문이었습니다. 사실 그들 가운데 많은 이들은 철학을 자신들의 신학에 활용하는 것을 꺼렸지만, 스승들은 신학 안에서 철학을 하는 이들을 위한 이름을 가지고 있었습니다: 그들은 '철학자'(philosophus)가 아니라, '철학하는 이'(philosophans)라고 불렸습니다. 그런데 토마스 아퀴나스가 젊은이들은 자연신학을 포함해서 형이상학을 연구할 자격이 없다고 말했지만, 그는 분명 결코 젊은이가 (형이상학과 윤리학을 포함해서) 계시 신학을 연구해서는 안 된다고 말하거나 생각하지는 않았습니다. 그는 그가 쓴 내용과 그가 행한 것 사이에 그 어떤 모순도 지각할 수 없었습니다. 왜냐하면 그 두 질문은 전혀 다른 것이었기 때문입니다. 그는 종교를 가지고 있지 않은, 또는 적어도 종교적 계시를 가지고 있지 않은 사람이, 만일 그의 궁극 목적이 철학자가 되는 것이었다면, 형이상학적 문제들을 다루기 이전에 자기 생애의 후반부를 기다리는 것이 더 나았다고 썼습니다. 그 자신이 젊은 그리스도인으로서 그리고 이미 수도자로서, 토마스는 30대에 플라톤이나 아리스토텔레스와 같은 '철학자'가 아니라, 신학자가 되는 것을 내다보며 철학을 연구했습니다. 두 가지 질문에 두 가지 답입니다. 당신은 형이상학자가 되고자 합니까? 그렇다면 가능한 한 늦게 시작하십시오. 아니면 당신은 신학자가 되고자 합니까? 그렇다면 가능한 한 빨리 시작하십시오.

 이것은 우리 자신의 고유 문제로 돌아올 때 무엇을 의미합니까? 제가 알 수 있는 한, 그 두 경우들 사이에 차이를 만들어 내는 것은 종교적 계시의 현존 또는 부재입니다. 그런데 명백히 어떤 종교적 계시도 우리에게 형이상학을 가르칠 수 없고, 심지어 그것이 자연 이성의 빛 속에서 알려지는 사변적 학문인 한에서, 윤리학도 가르칠 수 없습니다. 하느님은 명령하거나 금지합니다. 그분은 윤리학 교수도 아닙니다. 하느님은 당신 자신에 대해서 우리에게 말해줍니다. 그분은 우리에게 그분이 말씀하시는 것에 대한 형이상학적 증명들을 제공하는 것이 아닙니다. 그렇다면 어떻게 계시가 철학자를 도울 수 있단 말입니까? 그것은 다만 입증해야 할 뿐인, 이미 준비된 결론들을 줌으로써는 아닙니다.

첫째는, 계시가 심지어는 어떤 형이상학자도 입증할 수 없는, 하느님에 관한 많은 결론들을 가르치기 때문입니다. 둘째는 설령 그것이 자연적 이성에 의해 증명될 수 있다고 하더라도, 그 증명은 어떤 계시된 진리를 신학자에게 그전보다 더 확실하게 만들어주지 않습니다. 좀더 명백하게 표현하지면, 그리스도인에게는 신앙조목으로부터 뒤따르는 귀결들을 자연적 추론에 의해서 환원하고 그것을 철학이라고 부르는 것이 별 도움이 되지 않습니다. 그렇다면 계시의 빛 속에서 철학하는 것과, 자연적 이성에만 비추어서 철학을 하는 것 사이의 차이는 무엇입니까?

이 대단히 복잡한 문제에 대해, 그리고 그것을 해결하겠다고 자처함이 없이, 나는 적어도 어떤 대답의 실마리를 추구하는 곳을 시사해 보고자 합니다. 나는 그것을, 거의 알려지지 않은, 그리고 모두 인간 지성의 자연적 역사와 연관된 사실들의 질서 안에서 바라보고자 합니다. 예컨대 실제로 모든 위대한 철학자들이 형이상학을 집필한 다음에 윤리학을 집필하는 까닭은 무엇입니까? 그리고 많은 사람들이 토마스와 아리스토텔레스에 의해서 지목된 형이상학적 성숙의 나이쯤에 신학적 또는 단순히 종교적 문제들에 관심을 기울이게 되는 까닭은 무엇입니까? 내가 그 답을 알지 못한다고 당신에게 말할 필요는 없습니다. 이 사실들에 대한 이유는 어쩌면, 젊은이들의 본성들 속에서 발생한다고 토마스가 말하는 저 많은 변화들 가운데 어딘가에 놓여 있을지 모릅니다. 만일 우리가 단순히 사람들이 노년에 이르렀기 때문에 형이상학자와 윤리학자들이 된다고 말하는 것으로 그것을 설명할 수 있다면, 그 질문은 크게 단순화될 것입니다. 하지만 그것은 그렇지 않습니다. 노년은 거의, 칸트(Kant)가 형이상학을 학문으로서 확립할 수 있기까지 57세가 되기를 기다려야 했고, 또 그때에야 비로소『순수이성비판』(*Kritik der reinen Vernunft*)을 출간하였고, 65세가 되었을 때 『실천이성비판』(*Kritik der praktischen Vernunft*)을 출간하였다는 사실을 설명해 주지 않습니다. 참으로 형이상학적 나이가 있고, 또 윤리학에 적절한 나이가 있는데, 그 어느 쪽도 이른 나이는 아닙니다. 하지만 만일 그가 그리스도인이라면, 20세의 젊은이는 전혀 다른 처지에 놓여 있고, 그곳이 바로 제가 그 차이를 보는 곳이라고 말하고 싶습니다.

토마스 아퀴나스가 형이상학의 조기 교육에 반대하는 주요 이유는 그 대상이 지니고 있는 극도로 추상적인 성격 때문입니다. 종교는 그것을 변경할 수는 없습니다만, 형이상학자가 추상적인 방식으로 고찰하는 특정 관념들에 대단히 구체적인 접근법들을 제공합니다. 한 가지 예만 들자면, 저는 대학 학부생들이 "순수 현실"(actus purus)이라는 형이상학적 관념에 관심을 기울이는 것이 쉽다고는 생각하지 않습니다. 하지만 만일 당신이 그들에게 당신이 순수 현실이라고 부르는 것이 하느님을 부르는 또 다른 이름이라고 말해줄 수 있다면, 그들은 단순한 말에 관한 것이 아니라, 자신들이 이미 알고 있던 어떤 것에 대해 당신이 말하고 있다는 것을 깨닫게 될 것입니다. 더욱이 만일 그들이 신학적 훈련의 초기에 종교적 인식에 관한 교육을 이미 받았다면, 당신의 학생들은 하느님이 우리에게 당신 자신에 대해서 말한 것 가운데 어떤 것을 이해하거나, 또는 도덕적 행위와 관련해서 그분의 명령들의 까닭을 탐색하기 위해서는 자기들의 이성의 빛을 사용하는 것이 가장 자연적이라는 것을 발견했을 것입니다. 형이상학적 사변의 추상적 대상에 대해 종교가 제공하는 저 모든 구체성들, 또는 윤리적 문제들의 복잡성에 오래도록 훈련을 받은 어느 젊은 남녀의 도덕적 성숙은, 철학적 사변의 조숙함을 위해 선호할 만한 여러 조건들로 간주될 수 있을 것입니다. 13세기에 철학은 이런 종교적 분위기 속에서 가르쳐졌습니다. 철학적으로 입증될 수 있는 특정 명제들이 그리스도교 신앙의 현관들로 간주된 것과 마찬가지로, 그것은 실제로 신학에 이르는 현관(Praeambula)이었습니다. 이것이 바로 철학자들에게 적용된 것이 토마스의 정신 안에서 자기 자신, 자기 자신의 스승들, 그리고 자신의 동료 학생들에게 적용되지 않는 이유입니다. 만일 우리가 우리의 철학 교육 언저리에 어떤 종교와 같은 분위기를 조성하지 않는다면, 토마스 아퀴나스가 대학에서의 형이상학과 윤리학 교육에 대해 제기한 반론들을 우리가 어떻게 피할 수 있을지 알 수 없을 것입니다.

저는 이 결론이 사방에서 그것을 거슬러 제기되는 수많은 반론들에 개방되어 있다는 것을 충분히 알고 있습니다. 그것들을 일일이 열거하는 것은 긴 시간을 요할 것이고, 그것들에 답하는 것은 더 오랜 시간을 요구할 것입니다. 하지만 두려워할 것 없습니다. 제가 그것을 하려는 것이 아니니까요. 저는 그것들을 막기 위해 무언가를 하려 들지도 않을 것입니다. 저는 다만 이 결론에 반대하는 것처럼 느낄 이들에게, 말해지지 않은 것들에 대해 논하지 마시라고 청하고 싶습니다.

[3.4. 추가적 마무리]

제가 강조해서 말하지 않은 것이 두 가지 있습니다. 첫째는 철학이 어디에서나, 제가 말한 것과 같은 방식으로 가르쳐져야 한다는 것입니다. 대단히 많은 비그리스도교적 교육기관들이 있고, 저의 문제는 그들에게 그 난관을 어떻게 대처할 것인지를 말해주는 것이 아닙니다. 어쨌든 그들은 그것을 그들 자신의 방식으로 그들 자신만의 수단을 통해 해결할 충만한 권리를 가지고 있습니다. 제가 40년도 더 전에, 결코 동의할 수는 없지만 소중히 기억하고 있는 한 교수님에 의해서 가르침을 받았던 한 가지 해결책은 형이상학이나 윤리학과 같은 것은 없다는 것이었습니다. 그에게는 형이상학은 이미 죽어버렸기 때문에 그것을 배격할 필요가 없었습니다. 윤리학에 관해서는, 우리가 해야 하는 것에 대한 학문 관념 자체가 그에게는 하나의 용어상의 모순이었습니다. '무엇을 해야 하느냐?'라는 질문에 대해 그는 언젠가 '답이 없습니다.'라고 쓴 적이 있습니다: 만일 이것이 사실이라면 저의 문제는 제기되지 않습니다. 제가 말한 것 가운데 어떤 것도 적용되지 않고, 이것이 그것의 끝입니다. 반면에 아직도 수백만 학생들에게 윤리학을 가르치는 것이 유용하다고 믿는 이들에게는 수많은 문제들이 제기되는데, 저는 그것들을 진지한 것으로 간주하지 않는 마지막 사람이고 싶습니다. 저는 그저 '만일 토마스 아퀴나스가 말한 것이 참되다면, 그리고 그가 말한 것을 그가 행했다면 우리는 무엇을 해야 한단 말입니까?'라고 말하고 싶은 것입니다.

내가 강조적으로 말하지 않은 두 번째 것은, 문제에 대한 정확한 답변이 우리의 인문대학에서는 신학 교육을 철학 교육으로 대체한다는 점입니다. 설령 우리가 그것을 원한다고 하더라도 우리는 그것을 행할 수 없을 것입니다. 13세기에는 철학자를 양성하는 것보다 신학자를 양성하는 데 훨씬 더 많은 시간이 걸렸습니다. 우리가 그것을 어떻게 개념하든지 간에 우리 인문대학의 가르침은 철학자들이나 더더욱 신학자들의 연간 수확량으로 계산될 수는 없습니다. 하지만 거기에는 성 토마스 아퀴나스의 신학 안에 포함되어 있는 하느님, 인간 본성, 그리고 도덕성과 관련된 대단히 많은 직접적인 합리적 사변이 있습니다. 바로 이 점에서 저의 유일한 결론은, 만일 우리가 그리스도교 학생들을 형이상학과 윤리학으로 안내하고자 한다면, 그들에게 그의 신학의 주요 부분들을 가르치는 것은, 그들에게 이 학문의 어떤 이해에 이르는 지름길을 제공한 셈이 되리라는 것입니다. 이런 한계 안에서조차도 그 결론이 얼마든지 만족스럽지 못한 것으로 드러날 수 있습니다. 그때 우리는 그것을 논박하는 데 시간을 낭비해서는 안 됩니다. 유일하게 유용한 일이 있다면, 그것은 토마스 아퀴나스의 텍스트들에서 제기되는 문제들에 대해 또 다른 답을 찾아내는 것이 될 것입니다.

형이상학도 없고 윤리학도 없는 곳에서는 앞에서도 말한 것처럼, 아무런 문제가 없습니다. 신학이 있는 곳에는 아직도 문제가 있습니다만, 반대되는 이유 때문에 그렇습니다. 그 고유 사명이 미래의 신학자들을 준비하는 것인 가톨릭 교육 기관들에서는 그 어떤 망설임도 가능하지 않습니다. 스콜라학의 황금기에 통용되던 방법은 언제나 그랬던 것처럼 오늘날도 타당합니다. 이런 학교들에게라면 저는 주저 없이 이렇게 말할 것입니다: 만일 당신이 당신의 학생들에게 형이상학과 윤리학을 가르치고자 한다면, 그들에게 직접 신학을 가르치십시오. 단 토마스 아퀴나스 자신이 이해했던 것과 같은 형이상학을 말입니다. 하지만 이 점에 관한 보편적 동의는 확보될 수 없을 것입니다.

토미스트들 가운데서조차도 많은 이들이, 토마스 아퀴나스에 따르면 신학적 결론이란 언제나 직접적으로든 간접적으로든, 계시의 빛 속에서 신앙에 의해 참된 것으로 간주되는 어떤 전제로부터 연역되는 것이라 상상하는 것으로 보입니다. 확실히 이런 모든 결론들은 본질적으로 신학적이고, 신학은 본질적으로 이런 결론들로 만들어집니다. 하지만 토마스 자신이 이해하는 것처럼 신학이 다른 많은 것들을 포함하고 있다는 것을 확신하기 위해서는 『신학대전』을 펼치는 것으로 충분합니다. 그 가운데 하나만 인용하자면, 신의 존재 증명은 순수하게 이성적인 논증입니다. 그것은 그 어떤 계시된 진리에도 호소하지 않습니다. 하지만 개념과 방법 모두에 있어서 이 순수하게 이성적인 결론은 신학적인 결론입니다. 『신학대전』 안에 들어 있는 것들은, 신학자가 자신의 신학적 목적을 내다보며 취한 철학적 증명들을 포함해서 모두 다 신학적입니다.

만일 진정으로 토마스적인 신학 관념이 우리의 신학자들 자신들에 의해서 순수하게 복원될 수 있다면, 이런 문제들에 생생한 관심을 지니고 있는 저 모든 이들에게 이것은 얼마나 커다란 해방일 것입니까? 자연이 은총에 의해 활성화된다고 해서 잃을 것이 없었던 것 이상으로, 철학이 신학 속에 받아들여진다고 해서 잃을 것은 아무것도 없습니다. 오히려 철학은 좀더 고등한 운명과 관련해서 저 변형을 열망해야 하지 않겠습니까? 토마스는 이렇게 말합니다. "은총이 자연을 파괴하지 않고 오히려 완성하기 때문에, 의지의 자연적 경향이 참사랑에 봉사하는 것처럼, 자연적 이성은 신앙에 봉사해야 한다."[8] 왜 신학자는 철학을 상실하지나 않을까 걱정해야 합니까? 그가 이제 그것을 신학으로 변화시켰고, 그래서 그전보다 조금도 덜 합리적이지 않고 더 진실되며 따라서 좀 더 나은 방법으로 합리적인데 말입니다.

토마스 아퀴나스도 반론들을 잘 알고 있었습니다. 그들이 『신학대전』에서 발견하는, 철학과 신학의 이상한 사변적 종합으로

---

8. "Cum enim gratia non tollat naturam, sed perficiat, oportet quod naturalis ratio subserviat fidei; sicut et naturalis inclinatio voluntatis obsequitur caritati."(*ST*, I, q.1, a.8) 성 토마스 아퀴나스에 따른 신학의 본성, 대상, 통일성 문제가 최근 신학자들 사이의 열띤 논쟁의 대상이 되었다. 철학자가 어떤 가르침의 특정 해석에 대한 개인적 선호를 표현함으로써, 전적으로 신학자들의 관할권 아래 드는 어떤 문제를 해결하고자 도모할 수는 없다. 이 문제에 대한 훌륭한 안내를 보기 위해서는: Cf. F. Van Ackeren, SJ, *Sacra Doctrina. The Subject of the First Question of the Summa Theologica of Saint Thomas Aquinas,* Roma, Catholic Book Agency, 1952.

간주하는 것에 대해 염려하는 사람들은 늘 있어 왔습니다. 오늘날까지도 많은 뛰어난 정신들은, 실재 전체에 어떤 질서를 주려는 경향을 느끼고는, 오해를 피하기 위한 최선의 길로 그들은 『신학대전』에서 철학인 것과 신학인 것을 분류합니다. 사실 그렇게 한다고 해서 해가 될 것은 없습니다. 하지만 만일 누군가가 『신학대전』으로부터 신학을 추출하고 그것을 어떤 다른 책에 집어넣음으로써 그것이 철학이 된다고 상상한다면, 저는 그가 자신을 기만하고 있는 것이 아닐까 두렵습니다. 어쨌든 그는 아무것도 없는 곳에서 어떤 혼합을 보는 것이니까요. 토마스는 이렇게 말합니다. 만일 어떤 혼합이 있었더라면, 신학의 본성은 철학의 본성에 의해서 변화되었을 것이고, 그 역도 마찬가지라고 말입니다. 그때 참으로 우리는 한편으로는 종교개혁자들이 그토록 혐오했던 변질된 신학을 만나게 될 것이고, 다른 한편으로는 철학자들도 또 신학자들도 가지고 싶어 하지 않는 변질된 철학을 마주하게 될 것입니다. 하지만 실제로 발생한 것은, (토마스는 이렇게 덧붙입니다) 전혀 다른 것입니다. 두 요소 가운데 하나가 다른 것의 본성으로 넘어가기 때문에, 거기에는 어떤 혼합이 있는 것이 아닙니다. 단 하나만 남아 있기 때문입니다. 그래서 그는 이렇게 마무리짓습니다. "따라서 성경 안에서 철학적 문서들을 신앙에 봉사하도록 활용하는 이들은 물을 포도주와 혼합하는 것이 아니라, 오히려 물을 포도주로 변화시킨다."[9] 동일한 것을 어떻게 이보다 더 명료하게 말할 수 있겠습니까? 그리고 설령 그렇게 할 수 있다고 하더라도, 무슨 유익이 있겠습니

---

9. "Unde illi qui utuntur philosophicis documentis in sacra Scriptura redigendo in obsequium fidei, non miscent aquam vino, sed convertunt aquam in vinum."(*In De Trin.*, Proem., q.2, a.3, ad5)

까?¹⁰⁾ 물을 선호하는 이들이 왜 포도주를 마셔야 하는지 알 수 없습니다. 그들이 평화로이 그들의 물을 마시도록 내버려 두기로 합시다. 다만, 그들은 그것을 토마스 아퀴나스의 포도주라고 광고해서는 안 될 것입니다.(*)

---

10. 현재 통용되는 실천적 지혜가 무엇인지를 질문하는 것은 언제나 부적절하다. 이런 질문에 대한 가장 흔한 대답 가운데 하나는 '그렇다면 당신은 우리가 무엇을 해야 한다고 제언하고 싶습니까?'이다. 나 자신의 답변은 다음과 같다: 우리는 머리를 맞대고 그 문제를 숙고해야 한다. 우리는 무엇을 하고 있는가? 그리고 우리는 계속해서 같은 방식으로 행동할 것인가? 어떤 개인도 남들에게 그토록 중대한 문제들에 있어서 그들이 무엇을 해야 할지를 말해줄 자격이 있다고 자처해서는 안 된다. 게다가 그 문제는 특수한 사정들, 상황들, 그리고 눈에 보이는 목적들에 따라 얼마든지 다른 해결책들에 열려 있다. 최소한의 역사적 성찰이 이 문제에 빛을 던져줄지 모른다. 현대 인문대학에서 왜 남녀 젊은이들에게 형이상학을 가르치고 있는지 그 이유는, 16세기에 예수회(Societas Jesus)에서 그렇게 하기로 결정했기 때문이다. 그리고 그들은 그 길로 접어들 탁월한 이유를 가지고 있었다. 그들은 역사상 처음으로 그리스도교 교육을 위한 새로운 요구에 직면하였다. 미래의 수도자들이나 미래의 사제들 교육이 아니라, 어떤 시간적 소명 속에서 삶을 살아가고 있는 미래 평신도들의 교육의 요구 말이다. 그들이 철학이 대학에서 가르쳐져야 한다고 결정한 이유는 그들의 1599년도《학업 지침》(*Ratio Studiorum*)에 속에 충분히 언급되어 있다: "인문학과 자연과학은 신학 연구를 위해 정신을 준비시켜 준다. 그것들은 그것에 대한 완전한 지식을 획득할 뿐만 아니라 그것을 선용할 수 있도록 도와준다. 더욱이 그것들은 신학과 동일한 목적을 향해 작동한다. 교수들로 하여금 이 학문들을 할 수 있는 한 최대로 열심히 가르치도록 하자. 하지만 언제나 그것들 안에서 하느님의 영예와 영광을 발견하도록 언제나 온 마음 가득한 갈망으로 그리 하자. 요컨대, 교수들로 하여금 그들의 제자들이자 특히 우리의 사람들인 이들을 신학 탐구를 위해 준비시키고, 그들의 창조주를 알고 싶어하는 매우 강한 갈망과 더불어 그들의 정신에 영감을 불어넣도록 하자." 이것은 명료한 명제였다. 우리는 성 토마스 아퀴나스가 아무런 유보 없이 그것을 보증할 것이라고 생각하지 않을 수 없다. 더욱이 1586년도《학업 지침》에서는 모든 철학 교수들이 신학자들이어야 한다고 내다보았다. 문서는 이렇게 규정하고 있다. "[그렇지 않으면] 그들은 결론에서 안전하지 않을 것이고, 그들의 증명도 또 심지어 그들의 언어조차도 그러할 것이다. 그들은 거의 비신앙인들의 논거들을 해결할 수 없을 것이다. 그들은 철학을 신학에 도움이 되는 방식으로 활용하지도 못할 것이다." 쟁점이 되고 있는 문제는 토마스 아퀴나스의 반복적인 경고와 예수회의 모범을 거슬러 우리는 계속해서 남녀 젊은이들에게 형이상학과 윤리학을 순수 철학적인 정신으로, 그리고 순수하게 철학적인 목적을 위해서 가르칠 것이냐는 것이다.

부 록

부록1
『성 토마스와 배움의 삶』(존 맥코믹, SJ,《아퀴나스강연-1》, 1937년)

부록2
『연구 방법에 대한 권고서한』(성 토마스)

부록3
「질송의 그리스도교 철학 개념」(이재룡,『사목연구』제11호 (2003), 162-196쪽)

부록1: 『성 토마스와 배움의 삶』[1]

존 맥코믹 신부

1. 성 토마스의 모범
2. 현대적 배움의 태도와의 대조

 어린이로서 '하느님이 뭐예요?'라는 질문으로 몬테카시노 수도원의 수사들을 성가시게 하던 시절부터 시작하여, '나는 더 이상 쓸 수 없어'라고 말하며 자신의 비서를 물리침으로써 자신의 『신학대전』(Summa Theologiae)을 그의 천품의 미완의 기념비로 남겨두게 되는 날까지, 성 토마스는 자신의 온 생애를 배움의 삶과, 그 필연적 보완으로 가르침의 삶에 바쳤습니다. 왜냐하면 연구를 끝마쳤을 때 가르칠 권리가 그에게 허용되지 않는다면, 학생에게 공정하지 못하고 또 그로부터 공부할 가장 큰 자극을 앗

---

1. 미국 밀워키(Milwaukee)주에 자리잡고 있는 마케트대학(Marquette University)의 '아리스토텔레스학회'(Aristotelian Society)에서는 1937년부터 매년 성 토마스 아퀴나스의 선종일인 3월 7일을 전후해서 저명한 토마스 사상 전문가를 초청하여 《아퀴나스강좌》(Aquinas Lecture)를 개최하고, 그것을 소책자로 출판하고 있는데, 이 글은 1937년 그 첫 번째 《아퀴나스강좌》로 발표된 예수회의 존 맥코믹 신부의 강연을 옮긴 것이다: John F. McCormick, SJ, *St. Thomas and the Life of Learning*, Milwaukee, Marquette University Press, 1937, pp.25.
1874년에 태어난 존 맥코믹 신부는 '아리스토텔레스학회'의 창립자로서 마케트대학교 철학부 학부장과 로욜라대학교(Loyola University) 철학과 학장을 역임하였고, 주저인 『스콜라학적 형이상학』(*Scholastic Metaphysics*, 2 vols.)을 비롯한 여러 저술들을 출간하였으며, 스콜라학 계통의 여러 학술지를 통해 많은 연구 논문들을 발표하였다. 1945년 7월 12일에 선종하였다.

아가는 셈이 될 것이기 때문입니다. 그것은 만일 전투의 먼지가 가라앉았을 때 승리의 결실들을 회수한다면, 군인들의 전투 사기를 크게 꺾게 되는 것과 같을 것입니다.[2]

이 배움의 삶은 하느님과 함께 하는 그의 내적 삶과 더불어 그의 전기(傳記) 전체를 구성합니다. 이것은 배움의 삶과 하느님과 함께 하는 삶이라는 두 개의 삶을 나란히 살아낸 것과 같은 것이 아닙니다. 만일 배움과 성성(聖性)이 그 안에서 (연구와 기도 사이에 또는 집필의 노고와 관상의 휴식 사이에 불일치라곤 전혀 없는) 하나의 삶을 구성하지 않았더라면, 그는 "학자들 가운데 가장 거룩하고, 성인들 가운데 가장 박식한 학자"라고 불릴 자격이 없었을 것입니다. 성 아우구스티누스는 다음과 같이 말할 때 그런 삶의 계획을 그려 보이고 있었습니다:

그러므로 진리에 대한 참사랑(caritas veritatis)은 경건한 여가(otium sanctum)를 찾는 것이 마땅하고, 참사랑에서 우러나오는 필요는 정의로운 활동을 받아들이는 것이 마땅하다. 그러나 만일 아무도 우리에게 짐을 지우지 않는다면, 진리를 지각하고(percipiendae) 통찰하는(intuendae) 데 여가를 가져야 마땅하다. 하지만 짐이 지워진다면 참사랑에서 우러나오는 필요 때문에, 그 짐을 받아들이는 것이 마땅하다. 그렇다고 진리의 쾌락(veritatis delectatio)을 전적으로 내버려야 한다는 말은 아니다. 그렇지 않으면 진리의 감미로움(suavitas)을 빼앗기고 활동의 필요가 우리를 짓누르는 결과를 빚게 된다.[3]

---

2. *Contra impugnantes Dei cultum et religionem*, c.2.
3. Augustinus, *De civitate Dei*, XIX, 19(=국역본:『신국론』, 성염 옮김, 분도출판사, 2004, 2215-2217쪽).

[1. 성 토마스의 모범]

성 토마스가 다음과 같이 말할 때 얼마간 순진했던 것일까요? "그 자체로 놓고 볼 때, 진리의 이해는 누구에게나 사랑할만한 (amabile) 일이다."[4] 그에게 그것이 사랑스러웠다는 것은 의심의 여지가 없고, 또 그가 진리를 열심히 그리고 일편단심으로 지치지 않고 추구했다는 것은 추호도 의심할 수 없습니다. 비록 그가 대단히 소란스러웠던 혈통에서 오긴 했지만, 그는 자기 영혼의 성숙(배움)을 위한 자신의 어린 시절의 날카로운 전투에서 자신의 본성을 그토록 훈련하여, 진리 탐구(추적)에서 배움의 삶에, 강력하고 명백한 지성의 나뉘지 않은 에너지를 가져올 수 있었습니다. 요한 살리스베리는 배움의 삶을 위한 한 지침(recipe)[5]을 인용하고 있는데, 거기에는 이렇게 쓰여 있습니다: 겸손한 정신과 진리 추구에서의 열성, 평온한 삶과 침묵의 공부, 가난과 낯선 땅. 우리는 이 처방들이 성 토마스의 삶 속에서 채워진 것을 발견하고, 분명히 진리 탐구에서의 그 겸손한 정신과 열성을 발견합니다. 그가 베네딕토 회원들 가운데에서 발견한 평온한 삶은 대부분 그의 것이 될 수도 있었을 것이었습니다. 그것은 그에 대한 가족들의 야망에 의해서, 또는 당시의 정치적 투쟁들이나 파리대학의 학문적 논쟁에 의해서 가끔 중단되어야 하기도 했지만, 여전히 그런 개입들은 그가 추구하는 것이 아니었습니다. 그리고 그의 학창생활의 초창기부터 그는, 굴리엘모 토코(Guglielmo Tocco)가 전해주는 것처럼,[6] 말하는 데 있어서 놀라울 정도로 검소한 자세를 취하기 시작하였습니다. 말할 때가 되면 자신이 유

---

4. *ST*, II-II, q.15, a.1, ad3: "intelligere veritatem cuilibet est secundum se amabile".
5. Joannes de Salisbury, *Policraticus*, VII, 13.
6. *Vita*, III.

창하지 못한 것이 아니라는 것을 보여줄 것이지만, 그때까지는, 그의 초창기 학창시절의 전설들을 신뢰해도 좋다면, 그는 자신의 동료들이 그를 '벙어리 황소'(bos mutus)라는 별명으로 부르는 것에 개의치 않았습니다. 혹은 그의 조용함이 그를 학업 성취에서 두드러지지 않은 것으로 보이게 만들었을지 모릅니다. 진리 추구에 있어서 그의 열성에 비추어 볼 때, 그런 일들은 그에게 아무 일도 아니었을 것입니다. 그리고 진리는 그것을 진지하게 추구하는 이들에게 보답하기 때문에, 그의 일편단심에 대한 보상은 또 다시 굴리엘모 토코가 '그는 자신이 독서에서 파악한 것을 언제나 마음속 깊이 새겼다'고 우리에게 말해주는 것과 같았을 것입니다.[7] 그는 자신의 삶에서 요한 살리스베리가 인용한 마지막 두 가지 처방까지도 채웠을 것입니다: 곧 그가 의도적으로, 설교하는 형제들 가운데에서 선택한 가난과, 그의 수도자적 순명에 따라 파견된 낯선 땅들 말입니다.

성 토마스 자신이 인식이 획득되어야 하는 조건들을 규정할 때, 그는 우리에게 인간이 진리 인식에 이르는 데에는 두 가지 길이 있다고 말합니다. 첫째, 그가 다른 사람으로부터 수용한 것을 통해서, 그리고 둘째, 그가 자기 자신의 탐구를 통해서 획득한 것들을 통해서. 그가 남들로부터 수용하는 것에는 그가 하느님으로부터 수용하는 것과, 그가 인간으로서 수용하는 것이 포함됩니다. 그는 이렇게 말합니다. 지혜서에 따르면 우리가 하느님으로부터 무언가를 받기 위해서는 기도가 필요합니다: "내가 간청하자, 지혜의 영이 나에게 왔다."(7,7) 우리가 사람들로부터 받는 것에 대해서는, 우리는 받을 준비가 되어 있어야 합니다: 말하는 이들의 말을 통해 배우기 위한 경청(敬聽), 글로 전해져 내

---

7. *Vita*, VII, 42.

려온 것을 수집하기 위한 독서 등이지요. 그러나 우리가 두 번째 방식으로, 곧 우리 자신의 연구를 통해 얻기 위해서는 명상이 요구됩니다.[8]

그렇기 때문에, 학습 방법에 대한 이 개관에는 우리의 특별한 주목을 끌기는 하지만 이런 개관에서는 종종 생략되는 한 가지가 있는데, 바로 인간은 하느님으로부터 받는 것에 의해서 배운다는 것과, 하느님으로부터 받기 위해서는 기도가 필요하다는 것을 인정하는 일입니다. 성 토마스는 그 학습자 안에 어떤 내면적인 인식 원리가 없다면, 어떤 외부 원천으로부터 어떠한 배움도 있을 수 없다는 것을 알고 있습니다. 이 원리가 바로 지성(知性, intellectus)이고, 자연적으로 알려지는 인식 원리들입니다. 그리고 이 원리는 하느님으로부터 옵니다.[9] 배움이 사람을 우쭐대게 만드는 일이 그토록 자주 일어난다면, 왜 우리는 그것이 배움 안에 포함되어 있는, 인간이 하느님으로부터 받는 부분이 그토록 자주 망각되었기 때문이라고 말하지 않는 것일까요? 요한 살리스베리의 인용구가 인식을 위해 요구하는 겸손한 정신은, 때로는 우리가 이미 배운 것의 소소함과 대비되는 아직 알지 못하는 것들의 방대함에 대한 자각에서 오는 것일지 모릅니다. 하지만 우리가 인식할 수 있게 되는 필수 조건인 빛이, 위로부터 받는 빛이라는 사실에 대한 깨달음이 그것의 좀더 확실한 토대입니다. 올리버 홈즈(Oliver Wendell Holmes)는 어디선가, 한-줄거리 지성(one-storey intellects)이 있고, 두-줄거리 지성이 있으며, 채광창을 달고 있는 세-줄거리 지성이 있다고 쓴 적이 있습니다. 모든 사실들을 수집하고 오직 사실 수집만을 목적으

---

8. *ST*, II-II, q.180, a.3, ad4.
9. *ScG*, II, c.75, n.1558[=국역본: 박승찬 옮김, 707쪽].

로 삼고 있는 사람들이 있는데, 이들이 한-줄거리 지성들입니다. 두-줄거리 지성은 사실 수집가들의 수고뿐만 아니라 자기 자신의 수고까지 활용하여 비교, 추론, 일반화합니다. 세-줄거리 지성은 관념화하고, 상상하고, 예언까지 합니다. 그들의 최선의 조명은 채광창을 통해 위로부터 옵니다. 그런데 이 구분은 어쩌면 순전히 인위적이고, 최상의 지성들이 위로부터 오는 빛에 개방되어 있다는 것에 대한 인정을 뺀다면, 그 비교는 그렇게 중요한 것이 아닐지도 모릅니다. 이것은 성 토마스의 경우에 두드러지게 사실입니다. 그의 최선의 조명이 위로부터 온다는 것을 인정하는 것이 그의 지성적 천품을 조금도 훼손시키지 않는 것입니다. 그러나 위로부터 오는 빛은 그것을 청하는 이들에게만 허용됩니다. 이리하여 성 토마스에게 배움의 생활은 필연적으로 기도 생활과 결합되어 있을 것입니다. 그의 『소품집』(*Opuscula*)에는 「공부하기 전 기도」(*Ante Studium*)[10]rk 들어 있는데, 그 기도에서 그가 청하는 내용들로부터 그가 위로부터 오는 빛에 의존하고 있음을 얼마나 의식하고 있었는지를 판단할 수 있을 것입니다. 그는 이렇게 청하고 있습니다: '저에게 날카로운 통찰력과 오

---

10. *Ante Studium,* in *Opuscula theologica,* ed. R. Spiazzi, OP, Taurini-Romae, Marietti, 1954, vol.II, pp.285-286: "「공부하기 전 기도」: 오, 형언(形言)할 수 없으신 창조주 그리스도님, 당신은 당신 지혜(智慧)의 보고(寶庫)로부터 천사들의 세 품계(品階)를 가려 저 높은 하늘 위에 배치하시고, 광대한 우주 질서를 참으로 아름답게 안배하셨나이다./ 당신은 참 빛과 참 지혜의 원천이요 최고 원리이시니, 제 아둔한 정신을 당신의 투명한 빛살로 환히 비추시어, 제 안에 타고난 뿌리 깊은 두 가지 어두움, 곧 죄악과 무지(無知)의 어두움을 말끔히 거두어 내소서./ 당신은 어린아이의 혀를 달변으로 키워내는 분이시니, 날카로운 통찰력과, 오래오래 간직하는 기억력, 유순하게 배울 줄 아는 겸손과, 철저하게 파헤치는 해석력, 그리고 사리를 분별할 줄 아는 슬기를 허락하소서./ 진리탐구를 시작하는 저의 정신을 밝게 비추어 주시고, 힘차게 정진할 수 있도록 손잡아 이끌어 주시며, 모자람 없이 완성할 수 있는 힘과 지혜를 허락해 주소서./ 당신은 참 하느님이시며 참 인간으로서 영원히 살아계시며 다스리시나이다. 아멘."

래 간직하는 기억력, 유순하게 배울 줄 아는 겸손과 철저하게 파헤치는 해석력, 물 흐르듯 전할 수 있는 언변의 은총을 허락하소서. 진리 탐구를 시작하는 저의 정신을 밝게 비추어주시고, 힘차게 정진할 수 있도록 이끌어 주시며, 모자람 없이 완성할 수 있는 [힘과 지혜를] 허락하소서.' 그리고 "그의 방대한 지성적 성취는 자연 질서를 벗어나는 것으로, 거의 기적에 가깝다"는 어느 최근 작가[11]의 말 속에 어떤 진리가 들어 있다면, 그의 해명은 그가 지혜를 그 원천으로부터 찾았고 그의 기도가 기꺼이 받아들여졌다는 점에 있는 것으로 보일 것입니다.

성 토마스가 ('열기 없는 빛'이라고 묘사될 수 있을 법한) 지나치게 상투적이지 않은 철학적 태도의 단계로 이끌어간 것과 같은 배움의 삶에는 (그의 본성이 어떠했고 또 연구와 기도로 무엇이 되었는지를 알려주는) 한 가지 눈에 띄는 특색이 있습니다. 비물질적 선에 대한 사랑은 감정이 아니라, 지성적인 선호입니다. 그런데 성 토마스는 철학자(philosophus)라는 이름의 함축을 진지하게 받아들여, 그 이름을 자신의 과업으로 삼는 자, 곧 '진리를 사랑하는 자'(philosophans)가 실제로 되려고 노력하였습니다. 그는 그것에 대한 전념이 (철학적 영역에서조차도 지나치게 자주 논쟁에서의 열기의 원천이 되는) 개인적인 요소를 제거할 정도로 진리 추구에 헌신하였습니다. 그는 아무리 논적들의 가르침을 싫어하더라도 그들에 대한 개인적인 적개심을 품고 있지 않았기 때문에 그들을 공정하게 대할 수 있었습니다. 그리고 그는 그가 사랑하는 것이 진리이지 자기 자신이 아니기 때문에 그들을 향해 개인적인 적개심을 품지 않았습니다. 그는 진리에

---

11. George G. Leckie, *Concerning Being and Essence by St. Thomas*, Preface, xv, Appleton-Century Co., 1937.

봉사할 수만 있다면, 자기 자신의 평판에 대해서는 개의치 않는 것으로 보였습니다. 그러므로 그는 자신의 논적들을 이성의 토대 위에서 만났고, 결정이 이성의 판단에 따라 정해지도록 내맡겼습니다.

그는 자신의 『천지론 주해』에서 우리에게 논쟁에 대한 자기 자신의 태도의 한 단면을 전해주고 있습니다.[12] 우리는 우리 논적의 입장을 상세히 설명하고 그것을 배격하며 우리가 그 반대편에 서는 이유들을 제시해야 합니다. 그는 이렇게 말합니다: 우리가 그 일을 했을 때, 우리는 다른 이들이 자신들의 논적들을 싫어해서 하듯이 이유 없이 남의 관점을 단죄하지 않을 수 있을 것입니다. 그런데 이런 싫어함은 그가 볼 때, 자신을 진리 탐구자로 설정하는 철학자에게 가장 걸맞지 않는 것으로 보였습니다. 견해들에 관해 객관적으로 평가하기 위해서는 우리는 우리의 견해와 대립하는 사람들에 대한 적개심으로부터 자유로운 채로 남아 있어야 합니다. 차라리 우리는 양측 모두에 대한 심판관이나 조사관처럼 처신해야 합니다.

그러나 그도 때로는, 논박되어야 하는 오류들이 특별히 격노하게 만들 때, 모든 흥분을 가라앉히는 것이 힘들었던 모양입니다. 『신학대전』[13]에서 그는 하느님을 제1질료와 동일시하는 다비드 드 디낭(David de Dinant)을 성격 규정하는 데 있어서 '지극히 어리석게'(stultissime)라는 최상급을 사용하고 있습니다. 이런 감정 노출은 그에게는 대단히 이례적인 일이었습니다. 하지만 여기서 우리는 그런 평을 들을 만하였다는 것을 인정해야 합니다. 그렇다면 영원한 창조의 불가능성을 확립하였던 자들을 겨

---

12. *In De caelo et mundo*, I, xxii, 5.
13. *ST*, I, q.3, a.[=국역본: 『신학대전 1』, 정의채 옮김, 바오로딸, 3판, 2014, 197쪽 이하].

냥한 그의 말에는 풍자에 대한 시사 이상의 것이 있습니다: "그래서 이 불가능성을 그토록 정교하게 확립한 그들은 유일무이한 사람들이고, 지혜는 그들과 더불어 시작되었다."[14] 그리고 아베로에스주의자들의 오류에 대한 자신의 논박에 대해 그들이 응답해야 한다는 그의 도전은 그의 통상적인 억제가 전적으로 선한 본성에서 기인하는 것이 아니라, 그의 혈통 속에 호전적인 피가 흐르고 있었다는 것을 보여줍니다. "그러므로 이것은 신앙의 가르침이 아니라 철학자 자신들의 논변과 말을 통해 우리가 앞에서 말한 오류들을 무너뜨리기 위해 쓴 것이다. 그러나 누군가가 학문이라는 거짓된 이름으로 불리는 것에 대해 우쭐거리며, 여기서 우리가 쓴 내용에 반하여 무슨 할 말이 있다면, 구석진 곳이나, 힘겨운 문제들에 대해 판단할 줄 모르는 아이들 앞에서 말할 것이 아니라, 용기가 있다면 나의 이 글에 맞서 글로 발표하라. [그렇게 되면] 그는 누구보다도 가장 미소한 나 자신뿐만 아니라 진리에 대한 사랑으로 불타오르는 다른 많은 사람들을 상대하게 될 것이고, 그들을 통해 그의 오류는 저지되고 무지는 해소될 것이다."[15] 여기에는 얼마간의 열기가 있지만, 그것에 대한 충분한 해명은, 그가 자연이 우리에게 오류를 피하고 진리를 발견하도록 부여한 지성과 관련된 오류를 생각하고 있기 때문에, 통상적으로 걸맞지 않는 것(indecentior)을 넘어갑니다.[16]

여기에는 또한 몇 가지 개인적인 특성도 있습니다. 그렇지 않았더라면, 자신의 견해들을 묻는 요구들에 대한 응답들인 저 『소

---

14. *De aeternitate mundi contra murmurantes*.[=국역본: "부록:『세상 영원성론』", in F. 방 스텐베르겐,『토마스 아퀴나스와 급진적 아리스토텔레스주의』, 이재룡 옮김, 2000, 127-145쪽. 인용문: 142쪽].
15. *De unitate intellectus contra Averroistas*, n.124[=국역본:『지성단일성』, 이재경 역주, 분도출판사, 2007, 229쪽].
16. *De unitate intellectus contra Averroistas*, n.1[=국역본: 이재경 역주, 63쪽].

품집』을 뺀다면, 그가 1인칭 대명사를 사용하는 것은 대단히 이례적인 일입니다. 나는 개인적인 특성이 용인되고 있는 곳으로 다른 단 한 군데를 생각할 수 있습니다. 그것은 『대이교도대전』의 앞머리입니다.[17] 하지만 이 텍스트에는 열기가 없습니다. 그는 우리에게, 자신의 역량이 현자(賢者)의 직분에 턱없이 못 미치는 것은 사실이지만, 그럼에도 불구하고 어떻게든 하느님의 선성에 의지해서 그것을 떠맡아 가톨릭 신앙의 진리를 자신의 역량껏 설명하고자 한다고 말하고 있습니다.

[2. 현대적 배움의 자세와의 대조]

그러나 우리는 성 토마스라는 인물을 모범으로 삼아 배움의 삶을 계속해서 연구하고 있기 때문에, 우리는 이것이 오늘날 이해되고 있는 배움의 삶이 아니라는 점증하는 확신을 거의 피할 수 없습니다. 성 토마스의 정신과 전형적으로 현대적인 정신 사이에는 넘을 수 없는 차이가 하나 있습니다. 나는 그 차이가 그 배움의 삶이 과연 무엇이고 또 무엇을 위한 것인지에 대한 양측의 개념에서 오는 차이라고 생각합니다. 현대 정신에게 배움이란 진리 획득의 소로이고, 그 소로의 끝은 지식입니다. 성 토마스에게도 배움이 여전히 진리 획득에 이르는 소로이기는 하지만, 그 소로의 끝은 [지식이 아니라] 지혜입니다. 그리고 이처럼 성 토마스와 현대 정신은 둘 다 배움의 삶에 헌신할 수 있지만, 그 헌신의 결과는 두 경우에 전혀 다를 것입니다. 현대 정신은 정류장에서 그치고 마는 데 비해, 성 토마스는 종착역까지 갈 길을

---

17. *ScG*, I, c.2, n.12[=국역본: 『대이교도대전 I』, 신창석 역주, 분도출판사, 2015, 107쪽].

계속합니다.

어쩌면 우리는 이 차이를 성 토마스와 현대 정신이 각각 배움에서 무엇을 가장 가치 있는 것으로 간주하느냐에 따라 살펴볼 수 있을 것입니다. 나는 토마스 헉슬리(Thomas Huxley)의 시대에 현대인들이 과학이라고 부르는 것의 독재가 확립된 이래, 과학적 방법들이 적용될 수 있는 지식만이 진지하게 추구될 만한 가치가 있는 대상들로 간주되었다고 말하는 것이 현대의 배움을 비방하는 것이라고 생각하지 않습니다. 이것들은 측정될 수 있고 실험실의 검증을 받을 수 있는 것들입니다. 물론 물질적 사물들과 같은 것들입니다. 그런데 이 사물들은 여러 가지이고 다양합니다. 그리고 토마스의 의미에서든 아니면 현대 정신에 따라서든 학문(과학)은 어떤 인식 영역에서의 궁극적 목적 이외에 다른 것을 겨냥하지 않습니다. 그리고 알 수 있는 것들에는 종류가 많고 따라서 그 목적도 많기 때문에, 학문(과학)도 많을 것입니다.[18] 만일 진리에 이르는 소로의 끝이 과학이라면, 그때 거기에는 진리의 단일성(unity)이란 없습니다. 나는 이것이 전형적인 현대 지성적 분위기가 아닌지 의구심을 가지고 있습니다: 진리들(truths)은 많지만, 진정한 진리(Truth)는 없습니다.

그러나 성 토마스에게 인식에서 가치 있는 것들은 좀 더 고상한 것들이고, 그의 정신에서 좀더 고상한 것들이란 신적인 것들입니다. 인간의 완성이 하느님과의 결합에 있기 때문에, 인간은 자신의 지성을 관상에 활용해야 하고, 자신의 이성을 신적 진리 탐구에 투입해야 합니다.[19] 그리고 비록 덜 고상한 것들을 대상으로 삼고 있는 과학들에 좀더 큰 확실성이 있다고 하더라도, 아

---

18. *ST*, I-II, q.57, a.2[=국역본: 『신학대전 제23권: 덕』, 이재룡 옮김, 91쪽].
19. *In De Trin.*, q.2, a.1.

직도 좀 더 고상한 얼마간의 지식이 (덜 고상한 것들보다 덜 확실하다고 하더라도) 더 낫습니다.[20] 왜냐하면 우리의 지성은 보다 낮은 사물들에 대한 완전한 지식에서보다, 비록 포착할 수 있는 것이 아무리 적다고 하더라도 신적인 것들에 대한 지식을 좀 더 갈망하고 사랑하고 기뻐하기 때문입니다.[21]

이것은 현대 정신의 태도와는 너무도 동떨어져 있어서 우리는 전혀 다른 지성적 분위기 속에 있는 것처럼 느껴집니다. 왜냐하면 현대 정신은 아리스토텔레스(Aristoteles)가 말한 것, 곧 각 사물은 대체로 그것 안에서 중심을 이루는 것이라는 사실과, 인간 안에서는 지성이 중심을 차지하기 때문에 인간은 대체로 지성이라는 사실을 시야에서 놓쳐버린 것으로 나타나기 때문입니다. 그리고 그 때문에 성 토마스와 함께, 진리에 대한 지성적 관상에 헌신하는 것이 (현세에서 행복에 도달할 수 있는 한에서) 행복에 도달한 것이라는 사실을 파악하는 것이 그토록 느린 것인지도 모릅니다.[22]

그러나 그가 배움의 삶이라고 생각하는 것이 무엇을 위한 것이냐는 점에서 성 토마스는 현대 정신으로부터 좀 더 멀리 떨어져 있습니다. 사람들은 오늘날 인간 지식의 총합에 어떤 덧붙임을 (지식의 증대를 어쩌면 지나치게 낙관적으로 성취라고 믿는 인간 정신의 어떤 해방을 넘어, 인간 지식에의 덧붙임이 무엇인지에 관해서는 별 관심을 기울이지 않은 채) 그런[배움의] 삶을 위한 가치 있는 목표라고 말합니다. 우리의 지성적 진보의 자랑거리는 그것이 사람을 미신으로부터 해방시켰다는 것입니다.

---

20. *In De anima*, I, lect.1.
21. *ScG*, III, c.25, n.2060{=국역본:『대이교도대전 III-1』, 김율 역주, 분도출판사, 2019, 265쪽].
22. *In Ethic.*, X, lect.10.

그러나 어떤 오류를 미룬다고 해서 필연적으로 진리를 입는 것은 아닙니다. 지성적 진보는 바로 우리가 버리고 나온 것에 의해서가 아니라, 특히 이끌려 온 목표에 의해서 측정되어야 합니다. 현대 정신은 배움의 삶의 목적이 불가지론(agnosticism)이라는 신념에 대해 마음이 평온할까요? '우리는 알지 못하고 또 앞으로도 알지 못할 것이다'(Ignoramus et ignorabimus)라는 [명제]는 지치지 않는 탐구의 영웅주의(heroism)를 위한 무능한 절름발이 결론에 지나지 않습니다.

이 점에 관한 성 토마스의 관심은 의심의 여지없이 배움의 길이 무엇을 위한 것인지에 쏠려 있습니다. 그것은 인간의 궁극적 행복인 하느님 인식을 향해 정향되어야 합니다. 피조물에 대한 연구는 하느님의 작품들에 대한 연구이고, 이는 하느님의 지혜에 대한 보다 충만한 인정, 하느님의 능력에 대한 더 큰 존중, 우주에서 드러나는 하느님의 선성에 대한 더 큰 사랑으로 이끌어야 합니다. 그리고 피조물에 대한 그 동일한 연구는 또한 (피조물의 본성에 대한 무지가 자칫 이끌릴 수 있는) 하느님의 본성에 관한 오류로부터 우리를 보호할 수 있습니다. 사람들을 우상숭배자로 만들고 그들을 미신으로 밀어 넣는 것은 피조물의 본성에 대한 무지입니다. 그러므로 피조물에 대한 올바른 지식이 대단히 중요합니다. 하느님에 대한 올바른 지식이 거기에 달려 있기 때문입니다.[23] 성 토마스도 역시 인식에서의 진보가, 그것이 그를 무지로부터 빼내어 (그것이 만물의 원리이고 모든 것의 최종 목적이기 때문에) 모든 진리들의 원천인 저 진리로 이끌 때, 인간의 정신을 해방한다고 믿고 있습니다.[24] 그리고 이것이 만

---

23. *ScG*, II, cc.2-3, nn.858-870[=국역본: 『대이교도대전 II』, 박승찬 역주, 분도출판사, 2015, 125-137쪽].
24. *ScG*, I, c.1, nn.6-7[=국역본: 『대이교도대전 I』, 신창석 역주, 분도출판사,

물을 모든 것의 최종 목적과 연관지어 질서 짓는 지혜입니다. 그리고 오직 여기 지혜 안에서만 우리는 진리의 단일성을 발견합니다.

그렇다면 지성적 인식으로서의 배움은 지혜에 이은 둘째 자리를 차지해야 하는데, 그것이 바로 성 토마스가 그것을 배정하는 자리입니다. 하지만 그는 결코 배움을 비방하려 들지 않고, 오히려 그것은 언제나 선하고 바람직한 것이라고 말합니다:[25] "모든 학문은 선하고, 단지 선할 뿐만 아니라, 존경할만하기까지 하다." 그것이 선한 이유는 그것이 인간으로서의 인간의 완성이기 때문입니다. 하지만 선한 것들 가운데 어떤 것들은 어떤 목적에 유익하기 때문에 칭송할만하고, 다른 것들은 그 자체를 위해 존재하기 때문에 영예롭습니다. 왜냐하면 우리는 목적들에 영예를 돌리기 때문입니다. 학문들의 경우에, 어떤 것들은 실천적(實踐的)이고, 다른 어떤 것들은 사변적(思辨的)입니다. 실천적인 것은 어떤 것 때문에 행해지지만, 사변적인 것은 그 자체를 위한 것입니다. 이리하여 사변적 학문들은 선하고 영예롭지만, 실천적 학문들은 단지 칭송할만할 뿐인 것입니다.[26] 그런데 지식은 비록 그 자체로는 선한 것이지만, 그것으로부터 흘러나오는 귀결들 때문에 우연히 악할 수 있습니다. 인간이 자신의 지식을 점점 자랑스러워하거나 그것을 잘못을 저지르는 데 사용하는 경우가 그러합니다.[27] 그리고 만일 악한 것들과 사소한 것들

2015, 101-103쪽].
25. 지적된 전거에서 성 토마스의 정확한 표현은 다음과 같다: "studium philosophiae secundum se est licitum et laudabile propter veritatem quam philosophi perceperunt 철학 연구는 그 자체로 허용될 뿐만 아니라, 철학자들이 지각하는 진리 때문에 칭찬할 만하다. *ST*, II-II, q.167, a.1; I-II, q.29, a.5.
26. *In De anima*, I, lect.1.
27. *ST*, II-II, q.167, a.1.

에 대한 지식이 정신을 차지하고 더 나은 것들을 내치게 되거나 의지를 악으로 기울인다면, 차라리 우리가 그것들을 모르는 것이 더 나을 것입니다.[28]

그리고 이처럼 지식 속에 단지 부수적으로라도 악이 있을 수 있기 때문에, 성 토마스가 아리스토텔레스를 따라 모든 사람에게 자연적이라고 말하고 있는, 알고자 하는 갈망은 조절될 필요가 있습니다. 진리 인식은 참으로 인간의 선입니다. 하지만 인간의 최고선은 이런저런 진리 인식에서 발견되는 것이 아니라 최고의 진리에 대한 완전한 인식에서 발견됩니다. 그리고, 그래서 어떤 진리들에 대한 인식에는 악이 있을 수 있습니다. 왜냐하면 그 인식은 최고의 진리 인식과 연관지어 제대로 규제되지 않기 때문입니다.[29] 우리가 최종 목적인 하나의 진리에 대해 배우는 것에 대한 적절함과는 상관없이 모든 것을 알려고 하는 갈망이 바로 성 토마스가 '호기심'(curiositas)이라고 부르는 악습입니다.[30] 그리고 이 악습에 어떻게 말려드는지를 보여주기 위해 그는 아우구스티누스(Augustinus)로부터의 한 구절을 인용하고 있습니다: "덕의 추구는 포기하고, 하느님이 누구이신지 또는 언제나 동일한 채로 남아 있는 저 [신적] 본성이 얼마나 위대한지 등은 알려고 하지 않으면서, 호기심으로 잔뜩 부풀어 강렬하게, 우리가 세상(mundus)이라고 부르는 이 물질 덩어리를 탐구하고는 마치 자신이 어떤 위대한 일이라도 한 듯이 생각하는 사람들이 있다. 이리하여 그들 안에 그런 커다란 교만이 생겨나, 자신들이 그토록 자주 토론하는 하늘들 안에 이미 거처하기라도 하

---

28. *ST*, I, q.22, a.3, ad1[=국역본:『신학대전 3』, 정의채 옮김, 바오로딸, 1985, 147쪽].
29. *ST*, II-II, q.167, a.1, c et ad1.
30. Ibid.

는 듯이 여기는 것이다."³¹⁾

이것은 또 다시 자연 사물들에 관해서는 세밀한 데까지 알면서 하느님에 관해서는 아무것도 모르고 관심조차 없는 현대 지성적 분위기에 전형적이지 않습니까?

그렇다면 우리가 우리 자신을 해치면서까지 지식을 갈망하는 것이 가능하기 때문에, 알고자 하는 자연적 갈망을 조절하는 것이 필요합니다. 인간은 단지 무분별한 배움에 의해서 자신을 완성하는 것이 아니라, 오직 제1진리에 질서지워져 있는 지식을 획득함으로써만 자신을 완성할 수 있습니다. 시인이 다음과 같이 노래할 때 그는 정곡을 찌르고 있습니다:

> Knowledge is as food and needs no less
> Her temperance over appetite.

> 지식이란 음식과 같아서
> 그 욕구에 대한 절제도 못지않게 필요하다네.

성 토마스도 역시 절제에 예속된 도덕적 덕들 가운데 그가 '면학성'(studiositas)이라고 부르는, 알고자 하는 이 갈망의 조절과 관련된 특수한 덕을 위한 자리를 발견했을 때 잘못한 것이 아닙니다.³²⁾ 그러나 인간 본성의 복잡함 때문에 이 덕의 훈련은 경향들 사이의 충돌에 직면하게 됩니다. 정신 측에서 볼 때에, 그것은 그 자체로 한계를 모르는 알려는 갈망이지만, 덕의 필요한 조절에 따라 점검을 받을 필요가 있습니다. 육체의 차원에서는 지

---

31. Augustinus, *De moribus Ecclesiae*, III, 21.
32. *ST*, II-II, q.166, a.2.

식 탐구의 수고를 회피하려는 경향이 있는데, 이런 느슨함은 올바르게 규제되는 진리 추구를 위해 요구되는 긴장으로 고조되어야 합니다.[33]

그렇다면 우리는 오직 우리의 알고자 하는 갈망이 올바르게 절제될 때에야 비로소 인식 안에서 우리 본성의 완성을 발견하게 될 것입니다. 그리고 지식은, 그것에 범위를 지어주는 데 있어서 추구되고 있는 지식이 동시에 인생의 궁극 목적인 최고 진리의 빛 속에서 평가될 때에 비로소 올바르게 절제되는 것입니다. 성 토마스는 마치 배움이 그 고유의 목적이기라도 한 것처럼 배움의 삶에 승인의 봉인을 부착하지는 않을 것입니다. 그에게는, 말하자면 만일 인간의 활동에 독립적인 목적들이 많이 있을 수 있다면, 인생 자체가 통일성 없이 있을 것이고, 미결인 채로 남아 있을 것입니다. 오로지 그 목적인 지혜와 더불어 진리를 추구하는 배움의 삶만이 그가 요구하는 것에 부합할 것입니다. 왜냐하면 그가 무조건적으로 승인하며 다음과 같이 말하는 경우는 오직 지혜에 대해서뿐이기 때문입니다:

인간이 추구하는 모든 것 가운데 가장 완전하고 숭고하며, 가장 유익하면서도 즐거운 것은 지혜 추구이다. 1) 지혜 추구가 가장 완전한 이유는 인간이 지혜를 추구하는 데 헌신하는 한, 이미 참행복의 일부를 소유하기 때문이다. 그래서 지혜로운 이는 이렇게 말한다: '지혜에 머물러 있게 될 사람은 복되다.'(집회 14,22) 2) 지혜 추구가 숭고한 이유는 인간이야말로 지혜를 추구함으로써 무엇보다도 '지혜로 모든 것을 지어내신' 하느님의 유사성에 다가가기 때문이다. 그런데 유사성이란 쾌락의 원인이므로, 지혜의 추구는 이런 친교를 통해서 무엇보다도

---

33. *ST*, II-II, q.166, a.2, ad3.

인간을 하느님과 결합하게 만든다. 그래서 지혜서 7장 14절에서 지혜는 '사람들에게 한량없는 보물, 지혜를 얻는 이들은 하느님의 벗이 된다.'고 말한다. 3) 지혜 추구가 가장 유익한 이유는 우리가 지혜 자체를 통해 불사(不死)의 나라에 이르기 때문이다. 왜냐하면 '지혜에 대한 갈망은 영속적인 나라로 데려갈 것이기 때문이다.'(지혜 6,21) 4) 지혜 추구가 가장 즐거운 이유는 '지혜와 함께 지내는 데 마음 쓰라릴 일 없고, 지혜와 같이 사는 데 괴로울 일이 없으며, 기쁨과 즐거움이 있기' 때문이다.(지혜 8,16)[34]

그리고 지혜를 따르는 데 있어서 그는 철학자의 이름과 과업에서 새로운 의미를 발견하면서, "만일 지혜가 곧 하느님이라면... 그때 진정한 철학자는 하느님을 사랑하는 이"라는 성 아우구스티누스[35]의 말의 의미를 깨닫게 됩니다.(*)

---

34. *ScG*, I, c.2, n.8[=국역본: 신창석 역주, 분도출판사, 2015, 103쪽].
35. "si sapientia Deus est... verus philosophus est amator Dei"(Augustinus, *De civ. Dei*, VIII, 1[=국역본:『신국론』, 성염 역주, 분도출판사, 2004, 811쪽]).

부록2: 『연구 방법에 대한 권고서한』[*]
(성 토마스가 수련자 요한에게 보낸 편지)

그리스도 안에서 사랑하는 나의 형제 요한에게,
너는 나에게 어떤 방식으로 연구해야(qualiter te studere oporteat) 학문의 보화들(thesaurum scientiae)을 얻을 수 있겠느냐고 물어왔었지? 이제 여기 나의 권고를 들려주마:

1) 대담하게 즉시 바다로(non statim in mare) 나가려 들지 말고, 오히려 실개천(rivulus)을 통해 이르려고 해야 한다. 왜냐하면 쉬운 것에서부터 시작해서 어려운 것으로 나아가야(per faciliora ad difficiliora devenire) 하기 때문이다.

2) 그러므로 너는 내가 제시하는 권고를 교훈으로 삼기 바란다. 당부하건대, 더디 말하기(tardiloquum) 바라고, 저녁 늦게 대화방(locutorium) 같은 데를 드나들지 마라.

3) 양심의 순수성(conscientiae puritas)을 언제나 소중히 여기고,

4) 기도(oratio)에 중단없이 전념하라.

5) 지혜의 향연(cellam vinariam)에 참여하고 싶거든, 독서실에 수집되어 있는 것들[현인들의 저술들]을 사랑하라.

6) 모든 이에게 상냥하게(amabilem) 대하지만,

7) 남들의 일(factis aliorum)에는 깊이 끼어들지 마라.

---

[*] Thomas Aquinas, *Epistola exhortatoria de modo studendi*, in *Opuscula theologica*, ed. Raymundus A. Verardo, OP, Taurini-Romae, Marietti, 1954, vol.I, p.451.

8) 그 누구와도 친밀한 관계(familiaritas)를 맺지 말지니, 그것은 경멸을 낳기 쉽고, 또 연구에 방해가 되기 때문이다.

9) 결코 세상 돌아가는 일(factis saecularium)이나 그런 담화에 끼어들지 마라.

10) 그리고 무엇보다 할 일없이 배회(discursus)하지 마라.

11) 성인들과 훌륭한 사람들의 모범(sanctorum et bonorum imitari vestigia)을 본받는 일을 건너뛰지 마라.

12) 말하는 이가 누구든 개의치 말고, 들은 바(audita) 좋은 내용을 마음속에 새겨 두어라.

13) 읽고 듣는 내용을 이해하도록(intelligere) 힘써라.

14) 의심스러운 일들(dubiis)에 대해서는 확실히 해두어라(certifica).

15) 그릇을 채우듯 '정신의 서가'(armariolo mentis)에 할 수 있는 한 많은 것들을 정리해 두어라.

16) 그리고 네 힘에 겨운(altiora) 문제들에는 관심을 기울이지 마라.

이런 방향을 정하고서 네 평생을 두고 만군의 주님의 포도밭(vinea Domini)에서 유익한 결실들을 내도록 힘써야 한다. 그렇게 한다면 바라는 목표에 도달할 수 있을 것이다.

너의 형제 토마스 수사가.

부록3: 「에티엔 질송의 그리스도교 철학 개념」

이재룡 신부

1. 그리스도교 철학 문제의 배경
2. 질송의 초창기 작업
3. 1920년대와 1930년대 논쟁기 동안의 작업
4. 말년의 작업
5. 그리스도교 철학의 실존과 본성
6. 철학과 신학
7. 마무리

'그리스도교 철학'이라는 관념은 매우 복잡하고 까다로운 용어이다. 이 관념은 세계를 합리적으로 설명하는 기술을 지니고 있던 그리스 철학과 풍부한 철학적 함축을 담고 있는 유대 그리스도교의 계시를 결합한 데서 비롯되었다.[1] 질송은 이 용어를 '중세 그리스도교 사상 가운데 진정으로 철학적인 부분, 즉 신의 계시의 맥락 안에서 자율적으로 기능하는 인간 이성의 작업'을 의미하는 것으로 사용하였다.[2]

그 용어를, 그리스도교에 의해서 인간에게 제시된 가르침을 가리키고 또 그것을 고대 철학자들의 가르침으로부터 구별되는 의미로 사용한 것은 성 아우구스티누스(St. Augustinus)가 처음

---

1. Gilson, *Dio e la filosofia*, tr. ital., Milano, Massimo, 1984, p.54(『철학과 신』, 김규영 옮김, 성바오로출판사, 1966, 58쪽).
2. Cf. Lawrence Shook, CSB, *Etienne Gilson*, tr. ital., Milano, Jaca, 1991, p.241.

이었던 것 같다. 물론 그 이전에도 타티아누스(Tatianus)나 락탄티우스(Lactantius)와 같은 교부들이, 복음이 그 속에서 전파되어야 하는 고대 문화 세계 전반을 지칭하는 말로서, 철학이라는 용어를 사용하였다. 중세에는 신앙과 이성 사이의 관계 문제가 더욱 첨예하게 제기되었고, 대다수의 스콜라 학자들은 하느님이 자연적 이성에 그 자율적 영역을 배정하였다고 인정하게 되었다. 그러나 근대 철학에서는 점점 더 철학의 자율성을 강조하여, 여하한 비합리적 영향으로부터도 자유로운 인간 이성만의 영역을 내세우려는 경향이 강해졌다. 이처럼 철학과 그리스도교 계시 사이의 관계는 시대에 따라 커다란 변화를 겪었다. 하지만 그리스도교 철학 관념이 명시적인 논쟁의 대상이 된 것은 20세기에 이르러서이다.

'철학' 개념에 대한 차이에서 다양한 태도가 결과될 수 있다. 먼저, 그것은 (그것이 계시되었건 또는 계시되지 않았건 상관없이) 인간 이성이 스스로의 힘으로 발견할 수 있는 진리들의 총체를 의미할 수 있다(고대 그리스의 철학관). 둘째, 그것은 근대에 이해된 것과 같이 과학들에 고유한 일관성과 확실성을 지니고 있는 지식 체계를 의미할 수 있다(데카르트와 콩트의 철학관). 셋째, 그것은 (그것이 자연적으로 취득되었건 아니면 신에 의해서 계시되었건 상관없이) 만물의 기원과 운명을 알려 줌으로써 인간을 그 목적으로 인도하려는 지혜를 의미할 수 있다(그리스도교적 철학관).[3]

그리고 '그리스도교' 개념도 가톨릭과 개신교 사이에 자연과 은총을 이해하는 뚜렷한 태도의 차이에 따라 확연하게 달라진

---

3. Cf. L. B. Geiger et al., "Christian Philosophy", in *New Catholic Encyclopedia*, 2nd ed., Washington, The Catholic University of America Press, 2003, p.538.

다. 가톨릭은 인간의 이성이 원죄로 나약해졌음에도 불구하고 진리를 인식할 수 있는 역량을 갖추고 있다고 가르치지만, 루터에 기원을 두고 있는 개신교에서는 인간 이성이 원죄 때문에 완전히 타락하였다고 보고 이성과 은총을 분리시켜 자연 또는 자연적 이성이 신앙에 의한 구원 질서에 끼어드는 것을 극도로 경계하려는 경향이 강하다.[4]

이하에서 우리는 먼저 그리스도교 철학 문제의 역사적 배경을 살펴보고(1절), 현대의 중세 연구에 있어서 전환점을 이루는 에티엔 질송(Etienne Gilson, 1884~1978)의 근 50년에 걸친 탐구 여정을 추적한 다음(2~4절), 그리스도교 철학의 역사적 실존과 본성(5절) 및 철학과 신학 사이의 관계(6절)를 규명하려고 시도할 것이다.

1. 그리스도교 철학 문제의 배경

철학의 출발점들은 당연히 자명한 진리들이다. 그것들의 내밀한 확실성은 사물들의 본성과 존재에 두루 걸쳐서 모순율을 비롯한 제1원리들에 의해서 절대적으로 보장된다. 철학적 추론의 각 단계는 전제들과 그에 상응하는 내밀한 명증성으로부터 뒤따르는 것으로 확인되어야 한다. 철학은 그 진리를 보장하기 위해서 권위에 호소하지 않는다. 철학자는 철학자로서 내밀한

---

4. Cf. Gilson, *Christianisme et theologie*, Paris, Vrin, 1936. 그러나 '가톨릭 철학'이라는 용어는 블롱델이 자신의 한 저서의 제목으로 사용한 것을 예외로 친다면(Maurice. Blondel, *Le probleme de la philosophie catholique*, Paris, Bloud & Gay, 1932), 책 제목으로 사용된 적이 없고, 논문의 제목으로 나타나는 경우도 극히 드물다. Cf. Joseph Owens, CSsR, *Towards a Christian Philosophy*, Washington, Catholic University of America Press, 1990, p.119.

자명성에만 입각해서 작업해야 한다.[5] 다른 한편, 신학의 출발점들은 내밀한 보증 없이 신앙에 입각해서 수용된 진리들이다. 신학자는 그것들이 성서와 종교 전통 속에서 어떻게 발견되는지를 탐구한다. 그만큼 신학자는 신적 가르침의 핵심을 파고든다. 그러나 교의들을 위한 증거는 그것들에 내밀하지 않다. 그것들의 확실성에 대한 보장은 특수한 진리들 자체 바깥에 놓여 있다. 거룩한 신학은 그 확실성을 그 원천들의 권위에 의존하고 있지만, 권위는, 만일 철학에서 호소된다면, 논증들 가운데 가장 약한 논증으로 간주된다.[6]

이제 우리는 그리스 철학과 그리스도교 사이의 만남의 역사를 짧게 개관할 것이다. 그 어원에 따르면, '철학'(philosophia)이라는 단어는 '지혜 사랑'(amor sapientiae)을 뜻한다. 고대 그리스 철학에서 일반적으로 이해되었던 것처럼, 철학은 아무런 가르침이나 아무런 지식이라기보다는 정확하게 지혜를 의미하는 일정 가르침 또는 지식이었다. 각각의 그리스 철학자는 자기 나름의 지혜 관념을 채택하였다. 여러 사람이 이 관념에 일반적으로 동의하게 되면, 플라톤학파나 아리스토텔레스학파와 같은 하나의 학파를 구성하는 것으로 간주되었다. 이 학파들은 세세한 문제들에 대해서는 얼마든지 매우 다양한 이론들을 제시하며 때로는 서로 대립하기도 하였지만, 지혜의 주요 특성에 대해서만큼은 모두 동의하였다. 그들은 모두 그것을 최고의 지식으로 간주하였다. 지혜는 다른 학문들을 이미 소유하고 있는 사람들에게만 접근될 수 있고, 그것을 소유한 사람들에게 그 학문들을 질

---

5. Cf. Gilson, *The Unity of Philosophical Experience*, New York, Scribner's, 1950, pp.62. 301-302(『존재와 사유』, 박영도 옮김, 이문출판사, 1985, 68, 301-302쪽).
6. Cf. Owens, *Towards a Christian Philosophy*, p.311.

서 지우고 정화할 수 있게 해 주며, 그 빛 속에서 사변적이고 실천적인 지식 체계 전체를 통합할 수 있게 해 준다. 이리하여 그 전통적 정의는 '제1원리들과 제1원인들에 관한 학문'이다. 이렇게 이해된 모든 지혜 사랑은 철학이다. 그러므로 철학을 하는 데에는 상당히 다양한 방법들이 있으며, 그들 가운데 상당수는 그리스도교와 연결되어 있지 않다.[7]

그리스도교 초창기 교부들은 그리스도교의 가르침을 '철학'이라고 불렀고, 특히 아우구스티누스는 명시적으로 "그리스도교 철학"(philosophia Christiana)이라는 용어를 사용하였다.[8] 그들은 '그리스도교적'이라는 수식어와 '철학'이라는 관념의 결합에 대해서 이상하게 생각하지 않았다. 그리스도교 사상은 지혜에 철저하고 심층적으로 헌신하였다. 성서와 전통들 속에서 그것은 지혜를 격찬하였고, 매우 고귀한 덕인 지혜에 대한 사랑과 탐구를 촉진하였다. 실상 그리스도교는 스스로를 여하한 종류의 지혜보다도 우월한 지혜의 요체로 이해하였다.[9] 자연적 이성이 전개하는 추론의 타당성에 관해서 가톨릭의 원죄 교리는 인간 본성이 비록 상처받은 채로 남아 있지만, 어렵기는 하더라도 그 고유의 차원에서 역할을 수행할 수 있다고 보았다. 인간적 차원에서의 '지혜 사랑'은 아직도 권장될 수 있었고, 그 활동의 결과들은 언제나 높이 평가되었으며 널리 사용되었다.[10]

이러한 이해는 중세 스콜라 학자들에게도 그대로 전수되고 발전되었다. 토마스 아퀴나스는 '그리스도교 철학'이라는 용어

---

7. Cf. Gilson, "What Is Christian Philosophy", in Anton Pegis(ed.), *A Gilson Reader*, Garden City(NY), Doubleday, 1957, p.177.
8. 참조: 아우구스티누스, 『참된 종교』, 성염 옮김, 분도출판사, 1989, V.8, 41쪽.
9. Cf. Gilson, *Reason and Revelation in the Middle Ages*, New York, Scribner's, 1938, pp.3-33(『중세 철학 입문』, 강영계 옮김, 서광사, 1983, 13-48쪽).
10. Cf. Owens, *Towards a Christian Philosophy*, p.2.

는 한 번도 사용하지 않았지만, '철학'(disciplinae philosophicae)과 '거룩한 가르침'(sacra doctrina)을 명료하게 구별하며 역사상 처음으로 두 학문 사이의 조화로운 관계를 정립하였다.[11]

그러나 곧 이어 두 학문을 분리시키려는 움직임이 일어났다. 질송과 마리땡은 성 토마스 시대에 파리대학 인문학부를 중심으로 활동하던 라틴 아베로이즘 운동에서 철학을 신학으로부터 분리시키려는 시도를 보고 있다.[12] 이러한 시도는 16세기에 다시 부흥되었고 이어 17세기에 데카르트(Descartes)에 이르러 철학적 지혜를 신학적 지혜로부터 철저하게 분리시켜 버렸다. 탈레스 이래로, 고전 철학의 흐름에 있어서 인식 주체 바깥에 있는 실재적 사물들은 인간 인식의 직접적 대상이었다. 인간의 모든 추후의 인식들은 바로 그 사물들 인식에 기초하고 있었다. 그러나 데카르트와 더불어 극적인 혁명이 시작되었다. 철학은 오직 인간의 관념들에만 기초해야 하였고, 흄과 콩디약에 이르러서는 관념이라는 개념이 감각들로까지 확장되었으며, 칸트에 이르러서는 외부 실재에 이르는 길은 없다고 선언하였다.[13] 그때

---

11. Cf. *Reason and Revelation in the Middle Ages*, pp.69-98(강영계 옮김, 71-95쪽). 참조: 레오 13세, 『영원하신 아버지』, 23항; 요한 바오로 2세, 『신앙과 이성』 졸역, 한국천주교중앙협의회, 1999, 42-44항.
12. 참조: V. 브레직, 『마리땡과 질송의 살아 있는 토미즘』(졸고), 『가톨릭 신학과 사상』 45(2003/가을), 298-302쪽. Cf. Gilson, "Historical Research and the Future of Scholasticism", in Anton Pegis(ed.), *A Gilson Reader*, p.157; "What Is Christian Philosophy?", in *Ibid*., pp.183-187; Jacques Maritain, *Science and Wisdom*, New York, Scribner's, 1940, p.28. '라틴 아베로이즘'에 대해서는, 참조: J. 와이스헤이플, 『토마스 아퀴나스 수사』, 이재룡 옮김, 성바오로출판사, 1998, 417~436쪽; F. 방 스텐베르겐, 『토마스 아퀴나스와 급진적 아리스토텔레스주의』, 이재룡 옮김, 성바오로출판사, 2000, 89-126쪽; 이재경, 『토마스 아퀴나스와 13세기 심리철학』, 대구가톨릭대학교출판부, 2002, 11-82쪽.
13. Cf. Owens, "Neo-Thomism and Christian Philosophy", in John Knasas(ed.), *Thomistic Papers*, vol.VI, Houston, Center for Thomistic Studies, 1994,

이후로 칸트는 유럽의 교육자, 근대 정신의 창안자가 되었으며, 헤겔의 관념주의, 마르크스의 물질주의, 콩트의 실증주의, 베르그송의 직관주의, 제임스의 실용주의 등 대부분의 현대 사조의 기원이 되었다.[14]

18~19세기에는 유럽의 거의 모든 사상적 조류가 가톨릭 사상에 대해서 적개심을 드러내고 있었다. 가톨릭 철학의 절대주의 및 실재주의는 루소나 칸트 또는 스펜서 이후의 시대에 있어서 도저히 이해할 수 없는 중세의 유물로 간주되었다.[15]

이러한 흐름 속에서 신앙과 교회는 실증주의, 물질주의, 무신주의로부터, 그리고 정치적 영역에서는 자유주의적 세속주의적 운동들로부터 점점 더 수세에 몰리게 되었다. 그러나 그리스도교 측으로부터의 진정하고 고유한, 철학적으로 정초된 공동의 저항 전선이 없었다. 내면적으로도, 그 시대의 정치적이고 영적인 혼란 속에서 (특히 신학생들의) 철학적·신학적 양성은 여러 측면에서 부족했다. 철학 교육은 과목 담당자의 나름대로의 선택 또는 무기력한 혼란에 내맡겨져 있었고, 그 시대에 요구되는 철학적 관점에서 정초된 기본 방향을 제공할 수 없었다. 이 공백은 스콜라 전통에 대한 복원을 통해서, 특히 여러 세기를 통해서 스콜라 철학의 가장 위대한 사상가이며 교회의 '가장 중요한 스승'으로 인정되었으나 그 시대에는 거의 망각되었던 토마스 아퀴나스(Thomas Aquinas)에게로의 복귀를 통해서 건강해져야 했다. 이것이 바로 19세기 후반부터 20세기 전반에 걸쳐서 폭발적

---

pp.36-37.
14. Cf. Leo Sweeney, SJ, "Can St. Thomas Speak to the Modern World?", in Victor Brezik(ed.), *One Hundred Years of Thomism*, Houston, Center for Thomistic Studies, 1981, pp.121-122.
15. 참조: Ch. 도오슨, 「서문」, J. 마리탱, 『종교와 문화』(세계기독교사상전집, 제6집), 박갑성 옮김, 신태양사, 1975, 14-15쪽.

으로 일게 된 신 스콜라 철학 부흥 운동의 배경이다.[16]

19세기 중·후반의 대다수의 신 스콜라 학자들은 자기들이 철학 교재, 논문, 단행본들 속에서 추구하고 있던 기획을 그리스도교 철학으로 간주하는 데 조금도 주저하지 않았다.[17] 그 시대 상황 속에서는 특히 그리스도교적인 철학이 이 사상가들과 그 독자들에게 그리스도교가 그 복음화 역사의 오랜 과정 전반에 걸쳐서 지성적 문제들과 만남으로써 이룬 전적으로 정상적인 발전으로 간주될 수밖에 없었다. 그들은 자신들이 투신하고 있던 작업의 진정한 철학적 성격에 대하여 의심의 여지없는 신뢰를 보냈다. 그들은 명시적으로 모든 그들의 작용적 전제들을 자연적으로 취득할 수 있는 지식으로 한정하고자 하였다. 결정적으로 그 작가들 자신은 자기들이 철학을 하고 있다고 확신하고 있었다. 그것은 철학이 중세의 학문 분류에서 신학으로부터 정확하게 구별된다는 의미에서였다.[18]

그러나 '그리스도교 철학'이라는 표현은 "'가톨릭 문화'가 교

---

16. 참조: E. 코레트, 『19-20세기의 그리스도교 철학: 회고와 전망』, 이재룡 옮김, 『가톨릭 신학과 사상』 31(2000/봄), 202-203쪽.
17. 19세기 후반 가톨릭 신학교들과 대학들에서 널리 사용되던 산세베리노 선구적 작품의 제목은 『그리스도교 철학의 기본 요소들』이었다(Gaetano Sanseverino, *Elementa philosophiae christianae cum antiqua et nova comparatae*, 2nd ed., Napoli, Biblioteca Catholica Scriptorum, 1873). 그리고 교황 레오 13세의 회칙 『영원하신 아버지』(Aeterni Patris, 1879)에 의해서 촉발된 명시적인 철학적 기획은 그 반포 1년 뒤에 공식적으로 "그리스도교 철학의 복원을 위한 호소"라고 명명되었다. 또한 20세기 초 델 프라도는 (그 자신은 물론 그의 반대자들도 그리스도교 철학 관념 자체가 문제시될 수 있다는 명료한 의식을 지니지 않은 채) 그리스도교 철학의 근본 진리들에 관한 대단히 논쟁적인 단행본을 출판하였다(Noberto Del Prado, *De veritate fundamentali philosophiae christianae*, Fribourg, Consociatio Sancti Pauli, 1911).
18. Cf. Owens, *Towards a Christian Philosophy*, pp.4-5; Gilson, "What Is Christian Philosophy?", pp.185-187.

회에 대해서 비판과 공격성을 담은 세속 문화의 점증하는 조류에 대적하기 위해서 자신의 기본 노선을 재정비할 필요를 느끼게 된" 19세기 말에 '문제시'되기 시작하였다.[19] 1897년에 프라이부르그에서 개최된 제4차 가톨릭국제과학자대회에서 다른 문제들과 함께 그리스도교 철학 문제를 어의학적 관점에서뿐만 아니라 존재론적 관점에서도 다루었다.[20] 당시에는 '합리주의적' 조류가 지배하고 있었는데, 그들에게는 '신앙 고백적' 철학이란 전혀 생각할 수도 없는 것이었다. 그리고 세속적 문화에 직면해서 '그리스도교 철학'을 위한 투쟁을 지지하는 데 별로 열성적이지 않은 일부 가톨릭 학자들은 '그리스도교 철학'이란 실존한 적도 없었고 그 표현은 모순적이라는 블롱델(Blondel)의 명제를 기정 사실로 받아들이고 있었다.[21]

이리하여 20세기 초반에 가톨릭권에는 세 가지 상이한 경향들이 대립하게 되었다. 첫째, 대다수의 스콜라 신학자들은 합리주의자들과 흡사한 철학관을 가지고, 철학과 계시 사이의 근본적 분리를 옹호하고 있었다. 둘째, 블롱델과 그 추종자들은 철학이 스스로 폐쇄되어 초자연적 질서와 상관없이 인간의 삶에 의미를 줄 수 있다고 자처할 때 그 진정한 본성을 일탈하는 것이라고 주장하였다. 블롱델은 철학이 그 본성에 있어서 초자연적 지원을 갈망하고 있다고 주장하며, 철학의 자율성을 강력하게 부정하였다. 셋째, 이런 두 가지 입장에 단호히 반대하며 자신의

---

19. Cf. C. Nicolosi, *Fede cristiana e riflessione filosofica. Il problema della filosofia cristiana. Teoria e storia di un dibattito*, Roma, La Roccia, 1973, pp.5-6.
20. Cf. Compte-rendu du *Quartieme Congres Scientifique International des Catholiques tenu a Fribourg (Suisse) du 16 au 20 aout 1897*, Fribourg, Oeuvre de Saint-Paul, 1898.
21. Cf. Mario Toso, *Fede, ragione, civilta. Saggio sul pensiero di Etienne Gilson*, Roma, LAS, 1986, pp.32-33.

독창적인 해석을 제시하는 질송의 입장이 있었다.[22]

2. 질송의 초창기 작업

질송이 소르본에서 철학을 공부하던 때에는 역사적으로 진정하고 고유한 그리스도교 철학이 존재하지 않았다는 것이 지배적인 통념이었다. 철학사는 그리스인들로부터 데카르트로 건너뛰고, 그 중간에는 종교적 몽매주의의 암흑기, 자율 철학의 여지가 없는 신학의 세기들이 자리잡고 있다고 가르치고 있었다.[23] 서구 문화사에서 아무런 독창적인 사변적 결실이 없었던 10세기 동안의 시기가 있었다(!)는 그토록 믿을 수 없는 주장은 오히려 질송으로 하여금 철학의 진정한 본성과 그 최상의 수행 가능성의 조건들을 탐구하도록 이끌었다. 신앙에 토대를 두고 있는 신학이 필연적으로 이성에 기초를 두고 있는 철학을 배제한다는 명제는 질송의 비판적 정신에 하나의 도전이 되었고, 그래서 그 명제의 검증 영역은 그리스인들로부터 데카르트에까지 이르는 철학사였다.[24]

---

22. Cf. Geiger et al., "Christian Philosophy", p.541.
23. 하르낙(A. Harnack)이 이런 입장의 대변자였다(Cf. Gilson, *The Spirit of Mediaeval Philosophy*, tr. A. H. Downes, New York, Scribner's, p.10; *The History of Christian Philosophy in the Middle Ages*, New York, Random House, 1955, p.5). "역사에 대한 공식적 관점이 취급되지 않았다. 분명 아무도 논쟁을 벌이려고 꿈도 꾸지 않았다. 1905년에 아믈랭(Octave Hamelin)은 그리스인들 이후에 데카르트가 마치 그 사이에는 (자연학자들을 빼고는) 아무도 없었던 것인 양 돌연 등장하였다고 말했다. 처음에 그리스 철학이 있었고, 그 다음에 근대 철학이 왔다. 그 사이에는 신앙과 권위에 토대를 두고 있는 신학(그것은 철학의 부정 그 자체이다) 이외에는 아무 것도 없었다는 것이다"(Gilson, *Le philosophe et la theologie*, Paris, Vrin, 1960, pp.97-98).
24. "만일 그리스도교 철학이 역사의 무대에 등장한 적이 없다면 그것은 바로 그리스도교 철학 개념이 모순적이고 불가능하기 때문이다. 이런 견해를 가

이런 정신을 가지고 질송은 근대 형이상학 체계들(아리스토텔레스, 플라톤, 그리고 특히 데카르트)에 대한 탐구에 투신하였다. 그의 지향은, 당시의 지배적인 철학사가들의 경향처럼 역사적 탐구를 통해서 반·형이상학적 편견을 확인하려는 것이 아니라, 오히려 칸트·이전의 사변이 현대적 철학 논쟁들을 위해 복원해야 할 어떤 적극적 가치들을 지니고 있다는 참으로 뜻밖의 가설을 검증하려는 것이었다. 이 착수는 이어지는 중세 철학으로의 넘어감을 설명해 준다. 질송은 이렇게 해서 근본적 발견의 길로 접어들게 된다. 즉 데카르트의 중세적 원천들 속에서는 데카르트 사상의 기원을 이해하기 위해서뿐만 아니라 특히 그것들의 내밀하고 초역사적인 가치를 위해서도 흥미 있는 형이상학적 개념들이 발견된다.[25]

기회는 1905년 바로 그에게 데카르트의 스콜라학적 원천들을 연구시키고자 하였던 레비 브륄(Lucien Levy-Bruhl)에 의해서 주어졌다.[26] 처음으로 성 토마스, 성 보나벤투라, 둔스 스코투스

지고 있는 자들을 우리는 '순수 합리주의자들'이라고 부를 수 있을 것이다. […] 그들은 종교와 철학이 본질적으로 상이하기 때문에, 양자 사이의 협력이라는 것은 애당초 불가능하다고 주장한다. 그들은 종교의 본질이 무엇이냐는 데에 대해서는 동의하고 있지 않지만, 그것이 이성의 질서에 속하지 않는다는 것, 그리고 이성이 종교와 전혀 무관하다는 데에는 한결같이 동의한다. 그런데 이성의 질서는 바로 철학의 질서이다. 따라서 철학은 그 자신이 아닌 모든 것으로부터, 그리고 특히 계시라고 불리는 이 비합리적인 것으로부터 본질적으로 독립적이다. 오늘날 아무도 그리스도교 수학이라든, 그리스도교적 생물학 또는 그리스도교적 의학이라고 말하려 들지 않을 것이다. 왜 그럴까? 수학이나 생물학 또는 의학은 과학들이고, 또 그 원리뿐만 아니라 그 결론에 있어서도 과학이어서, 모두 종교와는 무관하기 때문이다. '그리스도교 철학'에 대해서 말하는 것도 역시 부조리하고(포이어바흐), 따라서 그 표현은 전적으로 기각되어야 한다"(Gilson, *The Spirit of Mediaeval Philosophy*, p.3).

25. Cf. Antonio Livi, "Etienne Gilson: Il tomismo come filosofia cristiana", in E. Gilson, *Introduzione alla filosofia cristiana*, Milano, Massimo, 1982, pp.11-12.
26. Cf. Gilson, *Dio e la filosofia*, pp.20-21(김규영 옮김, 13-14쪽); Le

및 다른 스콜라 학자들의 사상에 접근하면서 질송은 데카르트의 이른바 '원천들'이 실상 바로 합리적 영역에서의 타당성을 지니고 있는 철학들이어서 데카르트와 근대 철학 전체에 몇몇 핵심적 주제에 결정적인 영향을 미쳤다는 '놀라운 결론'에 도달하였다. 실상 한 젊은 철학사가가 다음과 같은 명제를 주장하는 것은 상당한 용기를 필요로 하는 일이었다.[27] "만일 중세에, 데카르트의 입장보다 전문적으로 더 잘 작업되었고 또 더 완전하게 정당화될 수 있는 형이상학적 입장들을 확인할 수 있다면, 쿠생이 주장하듯이 그리스인들과 데카르트 사이에는 (그리스의 빛을 차츰 꺼 버리기 위한 일종의 지성적 어둠 이외에는) 아무것도 없었다고 주장하기는 어렵게 된다."[28]

그러므로 역사적 의미에서 '그리스도교 철학'이 존재한다. 그러나 질송이 이미 그때부터 주장해 온 이 역사적 사실은 신학자들이 신학의 영역에서 그리고 신학적 목적에서 증진시킨 이 철학의 본질에 관한 이론적 문제를 함축하고 있었다. 그것은 19세기의 맹신주의와 합리주의 사이의 변증법에 의해서 해결되지 못했던 '철학과 신앙 사이의 관계' 문제였고, 교도권이 먼저 제1차 바티칸 공의회를 통해서, 그리고 다음에는 레오 13세가 회칙 「영원하신 아버지」를 통해서 직면해야 했던 문제였다.[29] 그 당시 교도권의 관련 문헌들을 알지 못했던 질송은 철학사가로서

---

philosophe et la theologie, p.98. 그 결실들은 다음과 같은 제목으로 출판되었다: Gilson, *La liberte chez Descartes et la theologie*, Paris, Alcan, 1913; *Index scolastico-cartesien*, Paris, Alcan, 1918.
27. 질송 자신이 이렇게 말하고 있다. "그것은 나의 눈에는 진리였기 때문에, 나는 그것을 말하지 않을 수 없었는데, 그것을 말하는 것은 하나의 금기를 깨는 일이었다"(Gilson, *Le philosophe et la theologie*, pp.98-99).
28. Gilson, *Le philosophe et la theologie*, p.99.
29. Cf. A. Livi, "Il problema storico della filosofia critiana", in AA.VV., *Storia e cristianesimo in J.Maritain*, Milano, Massimo, 1979, pp.23-58.

의 개인적 연구를 통해서 그 결론들에 도달하였다.

1919년에 『토미즘』의 초판이 출간되었다.[30] 그것은 그 뒤 질송이 항상 단순하게 (형이상학적 진리에 대한 합리적 탐구에서 그리스도교적 영감의 풍부성에 대한 가장 교훈적인 모범인) "그리스도교 철학"이라고 부르게 될[31] 성 토마스 아퀴나스의 가르침, 원리, 방법에 대한 오래고도 열정적인 탐구의 시작이었다. 비슷한 시기에 질송의 또 다른 초창기 작품 『중세 철학 연구』가 출간되었다.[32]

그 당시 신·스콜라 학자들은 일반적으로 아리스토텔레스로부터 유래된 합리적 도식을 채택하여 토마스의 철학을 개진하고 있었고, 이런 동기에서 그들 가운데 상당수는 (모리스 드 불프처럼) 질송을 비판하며, 무엇보다도 역사가로서 오직 단편적으로만 작업을 했다고 비난하였다. 그 속에서 효과적으로 발견되는 철학적 개념들의 일관성과 독립성을 밝히 드러내지 않았다는 것이다.[33] 한편 질송은 토미즘의 철학적 가치가 그리스 철학 일반이나 심지어는 아리스토텔레스의 철학에 견주어 본 그

---

30. Gilson, *Le thomisme. Introduction a la philosophie de saint Thomas d'Aquin*, Strasbourg, Vix, 1919. 이 책은 초판에서는 174쪽이던 것이 제6판(1965)에서는 476쪽에 이르도록 거듭 수정·증보되었다(제2판: 1922, 제3판: 1927, 제4판: 1942, 제5판: 1944, 제6판: 1965). 제6판으로부터의 영어 번역본: *Thomism. The Philosophy of Thomas Aquinas*, tr. L. Shook & A. Maurer, Toronto, PIMS, 2002.
31. Cf. Gilson, *Elements of Christian Philosophy*, New York, Doubleday, 1960; *Introduction a la philosophie chretienne*, Paris, Vrin, 1960.
32. Gilson, *Etudes de philosophie medievale*, Strasbourg, Editions universitaires, 1921.
33. 그 당시의 논쟁들을 기억하며 질송은 다음과 같이 말했다. "그러나 나는 토마스의 철학을 신학적 질서에 따라 개진한다고 비난하던 저 비판가들의 한결같음을 거슬러 저항했던 것을 언제나 만족스럽게 생각하고 있다. 나는 결코 이 점에 대해서 믿을 수 없었다. 왜냐하면 성 토마스 자신 안에 어떤 원본이 없는 가운데 그의 사상에 대한 이런 개진법을 창안하여 나중에 그에게 적용하여야 했기 때문이다"(Gilson, *Le philosophe et la theologie*, p.108).

독창성에 있다고 확신하고 있었다. 그런데 토마스의 철학을 신학으로부터 독립적인 어떤 체계 안에 편입시켜 해석하고자 하는 저들이 "일단 먼저 성 토마스의 가르침을 아리스토텔레스의 가르침으로 환원하게 되면, 그 뒤 그것을 아리스토텔레스 자신이 철학에 배정한 질서에 따라 개진하는 것이 쉽게 된다. 그러나 바로 이 때문에 수많은 17세기 토미스트들은 그들 스승의 가르침의 깊은 의미를 포착하지 못했던 것이다."[34]

3. 1920년대와 1930년대 논쟁기 동안의 작업

교부 시대 문화와 스콜라학 시대 속에 '그리스도교 철학'뿐만 아니라 '그리스도교 철학들'까지도 실존한다는 질송의 확신은 일련의 다른 연구들에 의해서 재확인되고 호소되었다.

1922년 질송은 그리스도교 철학과 그 근본적 함축들에 대한 역사적 탐구인 『중세 철학』을 출판하고,[35] 특히 성 보나벤투라의 철학에 대한 연구를 심화시킨다.[36] 그 결과는 그리스도교 철학의 단일성이 다만 드 불프가 주장했던 것처럼 아리스토텔레스의 논리학으로부터,[37] 또는 성 안셀무스, 성 토마스, 성 보나벤투라, 둔스 스코투스 등의 서로 다른 형이상학적 개념들에 있어서의 일치로부터 유래되는 것이 아니라, 오히려 신앙과 명상에 봉사한다는 공통의 지향, 즉 신학적 특성으로부터 유래된다는 것이다.

그러나 여러 '그리스도교 철학들'이 실존한다는 질송의 명제는 두 명의 도미니코 회원인 망도네(P.Mandonnet)와 테리

---

34. Gilson, *Le philosophe et la theologie*, p.108.
35. Gilson, *La philosophie au moyen age*, Paris, Payot, 1922.
36. Gilson, *La philosophie de saint Bonaventure*, Paris, Vrin, 1924.
37. Cf. Maurice de Wulf, *Histoire de la philosophie medievale*, Louvain, Institut Superieur de Philosophie, 1900.

(G.Thery) 측으로부터 심한 공격을 받았다. 망도네에게 있어서 성 보나벤투라 안에는 철학이 전혀 존재하지 않았다. 보나벤투라는 신학자이고, 그뿐이다. 그는 그 기질과 이론에 있어서 성 아우구스티누스와 흡사한 신학자였다. 그리고 아우구스티누스에게는 그리스도교 계시 속에서의 구원이라는 단 한 가지 문제만 존재하였고, 나머지는 그야말로 아무것도 아니었다. 철학이 그의 사상 속에 개입할 때에는 기껏 2차적인 시녀 역을 수행했을 뿐이다. 따라서 아우구스티누스도, 보나벤투라도 철학자들이라고 간주될 수 없었고 오직 신학자들일 뿐이었다.[38] 그러나 테리에게 있어서는 토마스 아퀴나스조차도 보나벤투라와 마찬가지로 철학자로 뒤바뀔 수 없었는데, 왜냐하면 그 위대한 신학자는 결코 철학자이기를 원한 적이 없었기 때문이다. 따라서 그는 질송이 '그리스도교 철학'을 위해서 토미스트 신학의 조각들을 밀수입하고 있는 것이라고 보았다.[39]

그 문제를 거의 가짜 문제처럼 나타나게 만든 이런 비판들에 직면해서, 질송의 해결책은 '스콜라학 특유의 신학 관념'의 재발견이었다. 이 결론은 정확한 아우구스티누스의 정체성을 검증하는 작업을 통해 도달하게 된다. 정말 히포의 주교는 오직 순수한 신학자이고 결코 철학자는 아니었던가? 1929년 질송은 그의 탁월한 작품 『성 아우구스티누스 연구 입문』을 출판하게 되는데, 거기서 그는 '그리스도교 철학'이란 존재하지 않는다고 주장하며 아우구스티누스를 기껏 헬레니즘 철학 사상의 단순한 반복자로 보던 브레이에(E.Brehier)의 것과는 정반대되는 결론들

---

38. Cf. Pierre Mandonnet, OP, "L'augustinisme bonaventurienne", *Bulletin Thomiste* 3(1926), p.53.
39. Cf. Toso, *Fede, ragione, civilta. Saggio sul pensiero di Etienne Gilson*, pp.33-34.

을 제시하게 된다.[40]

　아우구스티누스의 사상에 관한 연구는 질송으로 하여금 히포의 주교의 신학 안에서 진정하고 고유한 '이상'으로 추구된 '그리스도교 철학'의 현존을 발견하게 해 주었다. "아우구스티누스의 방법을 특징짓는 것은 신앙이 가리키는 것에 눈을 감고 이성을 체계적으로 눈멀게 만드는 것에 대한 배격이다. 거기서 '그리스도교 철학'은 그리스도교적인 한에 있어서의 진정한 철학이다. 왜냐하면 각 학문에 그 고유 질서를 인정하면서도 '그리스도교 철학자는 계시를 자신의 이성을 위한 한 원천으로 간주하기 때문이다.'"[41] 달리 말하면, 아우구스티누스 안에서 철학은 계시와 (그것이 하나의 진정한 철학임을 보장하는) 확실성으로부터 분리되기를 거부한다. 전적으로 자율적인 이성의 작업이기를 열망하는 철학은 이 위대한 교부의 사상 속에서는 끼어들 자리가 없는 것이다.

　역사적 탐구의 바로 이 시점에서 질송은 친구들로부터 '그리스도교 철학'에 관한 논쟁에 끼어들 것을 종용받았다. 그것은 1931년 봄에 소르본느에서 열렸던 '프랑스철학회'(Societe Francaise de Philosophie)의 자리였다.[42]

　이론적이고자 하였던 그 토론에서 질송의 발제문은 본질적으로, 세세한 문헌적 탐구로부터 출발하여 엄격하게 귀납적인 결론들을 도출하는 한 역사가의 발제문이었다. 그는 '그리스도

---

40. Cf. Emil Brehier, *Histoire de la philosophie*, vol.I, Paris, Alcan, 1926.
41. Cf. Gilson, *Introduction a l'etude de saint Augustin*, Paris, Vrin, 1929, pp.301-302.
42. 이 학회의 토론 주제는 '그리스도교 철학' 관념과 그 정의 가능성에 관한 것이었다. 질송 자신이 논쟁의 포문을 열었고, 브레이에(Brehier), 브랑슈빅(Brunschvicg), 르노아르(Lenoir), 레옹(Leon), 르로아(Leroy), 마리탱(Maritain)이 직접적으로 가담하였으며, 블롱델(Blondel)과 슈발리에(Chevalier)가 짧은 논문으로 참여하였다.

교 철학'의 정의 문제를 '실재주의적' 관점에서 제시하며, 그리스도교 철학에 대한 정의 문제를 제기하는 것은 의미가 있다고 주장하였다. 왜냐하면 교부들과 중세 신학자들의 철학 안에는 그리스 철학의 것에 비해 그리스도교 계시의 영향에서 비롯된 새롭고 독창적인 관념들이 있기 때문이다.[43]

이러한 질송의 입장은 마리탱을 제외하고는 참가자들의 동의를 얻지 못했다.[44] 질송은 그 학회에 대해서 매우 실망하였다. 그리고 브레이에(Emile Brehier)와 브랑슈빅(Leon Brunschvicg)이 그를 신뢰하지 않는 것에도 놀라워하였지만,[45] 그보다 더욱 놀란 것은 특히 루뱅을 중심으로 한 가톨릭 철학자들이 그를 거슬러 논거를 펴는 모습이었다. "분명히 가톨릭 학자들이 그리스도교 철학의 가능성을 인정하는 데 그토록 반대하는 것을 보는 것은 나에게는 커다란 충격이었다."[46]

소르본 학회가 있은 지 몇 달 뒤에 쓴 한 논문에서 그는 철학과 종교 사이의 관계에 관하여 망도네를 중심으로 한 루뱅의 신·스콜라 학자들에 반대되는 입장을 취했다. 그는 그들이 주장하듯이 만일 합리적 탐구에 계시 측으로부터의 그 어떠한 주입이나 영향이 있을 수 없다면, 계시는 온통 순수 비합리성의 영역에

---

43. Gilson, "La notion de philosophie chretienne", *Bulletin de la Societe Francais de Philosophie* 31(1931), seance du 21 mars, pp.37-49.
44. 마리탱은 논평에서 자신의 동료(질송)로부터 제공된 역사적 소여들을 진지하게 고찰하기를 원한다고 주장하는 것으로 시작하여, 그것들의 안내를 받아 '그리스도교 철학' 문제에 대한 이론적 해결책을 시도하겠다고 말했다: J. Maritain, "Communication faite en mars 1931 a la Societe Francaise de Philosophie", *Bulletin de la Societe Francaise de Philosophie* 31(1931), pp.59-72.
45. 그리스도교 철학 개념에 관한 브레이에와 질송 사이의 논쟁에 관해서는: Cf. Owens, *Towards a Christian Philosophy*, pp.5-9. 315-320.
46. Gilson, "Autoritratto di un filosofo cristiano", *Studi Cattolici* 105(1971), 486.

자리 잡을 수밖에 없다고 지적하였다.[47]

1931년 스코틀랜드의 에버딘대학에서 행한 강연을 기초로 1932년에 출간된 『중세 철학의 정신』에서 질송은 브레이에와 브랑슈빅과 같은 합리주의자들을 거슬러, 그리고 합리주의적 철학관에 동조하며 그리스도교 철학의 실존을 부정하던 (블롱델이나 루뱅의 신·스콜라 학자들과 같은) 가톨릭 철학자들을 거슬러, 신학적 목적과 방법을 지니고 있던 중세 사변에 의해서 작업된 개념들의 철학적 가치와 독창성을 입증한다. 결론은 다음과 같다: 즉 만일 철학에 대한 그리스도교의 '내밀한' 영향이 역사적 사실이라면, 그리스도교 철학이라는 이론적 관념도 또한 합리적 의미를 지니고 있다는 것이다.[48] 특히 성 토마스에게서 나타나는 그리스도교 철학이란 구원을 위해서는 계시된 진리로 충분하다고 주장하면서도 자연적 이성을 통해서도 지혜적 탐구를 발전시킬 필요를 느끼며 이 탐구가 신앙의 빛 속에서 전개될 때 더 큰 성공 가능성을 지니게 된다고 믿는 그리스도인의 작업이다. 이런 방식으로 계시의 사변적 내용은 신학적 차원에서뿐만 아니라 동시에 철학적 차원에서도 활용되는 것이다.[49]

이런 결론들에 도달한 뒤에야 비로소 질송은 이성과 신앙 사이의 관계에 관한 교도권의 문헌들을 연구하며 처음으로 회칙 「영원하신 아버지」를 읽으며, 자신의 직관들에 대한 결정적인 재확인을 발견하게 된다.[50] 실상 레오 13세는 교부들과 교회 박사들, 특히 성 토마스의 사변적 방법론을 적극적으로 추천하고

---

47. Cf. Gilson, "Le probleme de la philosophie chretienne", *La vie intellevtuelle* 12(1931), 214-232.
48. Cf. Gilson, *The Spirit of Mediaeval Philosophy*, pp.17-18.
49. Cf. Gilson, *The Spirit of Mediaeval Philosophy*, p.19.
50. Gilson, *Le philosophe et la theologie*, p.197.

있다.[51] 그런데 이 방법은 바로 그 영역 속에서 신앙의 전제와 철학의 전제 사이에 아무런 침해도 없는 그리스도교 철학이 전개되는 신학이다. 교황이 지적하고 있는 토마스의 모범 속에서 질송은 그 자신이 (신앙과 일치되며 신앙에 집중되어 있는 지성적 삶을 살아가는 그리스도인 측으로부터의) '이성의 철학적 사용'이라고 부르는 것이 완벽하게 구현됨을 본다. 레오 13세가 강조하듯이 이러한 철학 방법(hoc philosophandi institutum)이 신앙의 삶을 그 최종 목적으로 삼고 있다는 사실은 철학의 가장 완전한 특수성과 형상적 자율성, 즉 그 내밀한 요구들에 대한 존중을 배제하는 것이 아니라 오히려 요구하고 있다.[52]

1933년 쥐비시에서 개최된 '토마스학회'(Societe Thomiste)에서 기획한 토론회는 질송에게는 '그리스도교 철학' 문제에 관한 이론적 해결을 시도할 또 한 번의 기회였다. 그는 늘 하던 대로 역사학적 색조를 띤 자신의 입장을 발표하였지만, 학자들의 반응은 여전히 냉랭하였다.[53]

---

51. 레오 13세, 『영원하신 아버지』, 13항: "따라서 철학 탐구를 그리스도교 신앙 추종과 결부시키는 사람들은 가장 훌륭한 철학자들이라고 말할 수 있습니다. 실상 영혼이 받아들인 신적 진리의 빛은 지성 자체에게도 유익합니다. 신적 진리의 빛은 지성의 품위를 조금도 손상시키지 않을 뿐만 아니라, 오히려 그 품위와 날카로움 그리고 확실성을 훨씬 더 높여 주는 것입니다"(요한 바오로 2세, 『신앙과 이성』, 이재룡 옮김, 한국천주교중앙협의회, 1999, "부록", 134쪽); 23항: "그는 이성과 신앙을 날카롭게 구분하였습니다. 그러나 이 양자를 조화시켜 각각 자신의 권리와 품위를 고스란히 간직할 수 있게 할 수 있었습니다. 그래서 이성은 성 토마스의 날개 위에 올라탔기 때문에 더할 수 없는 위대함의 절정에 오를 수 있었고, 신앙도 이미 성 토마스와 함께 얻을 수 있었던 것보다 더 크고 강력한 도움을 이성으로부터 받을 수 없다고 말해도 과언이 아닐 것입니다"(같은 책, 142쪽).
52. Gilson, "What Is Christian Philosophy?", pp.186-187. Cf. Owens, *Towards a Christian Philosophy*, pp.63-75; Armand Maurer, CSB, "Gilson and 'Aeterni Patris'", in J. Knasas(ed.), *Thomistic Papers*, vol.VI, Houston, Center for Thomistic Studies, 1994, pp.91-105.
53. Gilson, "Intervento al Convegno di Juvisy", *in La philosophie chretienne*.

질송은 파리의 개신교 신학부로부터 그리스도교와 철학 사이의 관계라는 주제에 관해 논해 달라고 초청받은 강연에서 평소보다 더 이론적인 관점에서 주로 신앙과 이성, 종교적 태도와 철학 사이의 관계를 심화시키고 있다. 그 기회에 발표된 네 개의 강연은 『그리스도교와 철학』이라는 소책자로 출판되었다. 무엇보다도 질송은 만일 개신교도에게 '그리스도교 철학'이 가능하지 않다면, 그것은 인간 본성이 죄 때문에 온통 타락했기 때문이지만, 가톨릭교도에게는 그것이 가능한데, 그 이유는 인간의 지성이 비록 원죄의 상처를 입기는 하였지만 타당한 합리적 결과에 이를 수 있기 때문이라고 강조하였다. 그럼에도 불구하고 '이성의 완전한 작용'(perfectum opus rationis)이 있기 위해서는 인간 지성이 은총에 의해 회복되고 계시의 도움을 받을 필요가 있다.[54]

질송은 분명한 실재주의적 시각으로부터 '그리스도교 철학'의 정의에 관해, 만일 '그리스도교 철학'이라는 표현이 순전히 이론적인 차원에서는 정당화되지 못할 수도 있다면, 오히려 역사와 사실들의 차원에서 정당화된다는 점을 강조한다. 이때 우리의 개념들은 그것들에 기초해서 규제되어야 한다. 만일 연구로부터 '그리스도교 철학자들'이 있었다는 것이 논박될 수 없는 방식으로 결과된다면 '그리스도교 철학' 관념은 가능하고 또 타당하다. 사실상 그리스도교 계시로부터 영향을 받은 것으로 발견되는 철학의 특수하고 결정적인 상태를 실재적이고 진실하게

Comte-rendu de la deuxieme Journee d'etude de la Societe thomiste, Paris, Cerf, 1933, pp.63-67. 이 학회에는 유럽의 많은 토미스트 철학자들 가운데 졸리베(Jolivet), 방 스텐베르겐(Van Steenberghen), 슈뉘(Chenu), 마스노보(Masnovo), 포레스트(Forest), 브루노 데 솔라게스(Bruno de Solages), 페스투지에르(Festugiere), 망도네(Mandonnet), 모트(Motte), 플레니도(Plenido) 등이 참석하였다.

54. Cf. Gilson, *Christianisme et theologie*, Paris, Vrin, 1936.

가리키기 위해서는 '그리스도교 철학'보다 더 명료한 정식을 상상하기란 어렵다. 이런 철학은 형상적으로 철학이고, 결코 신학과 철학 사이의 사생아라고 간주될 수 없다. 그것은 철학이고, 그뿐이다. 그것을 '그리스도교적'이라고 말하는 것은 바로 초자연적 신학과 밀접히 연결되어 있는 특별한 상태 속에서 실현된 철학이기 때문이다.[55]

질송은 그리스도교 철학과 관련된 맹신주의라는 주제를 1936년 '윌리엄 제임스 강연'에서 다시 취급하고 있다.[56] 거기서 토미스트의 방법론이 논리학주의와 신비학주의로 특징 지워지는 그리스도교적 사상 조류들 및 이슬람 사상과 대조되고 있다. 질송은 이렇게 말하고 있다. 정통 가톨릭 신학에는 언제나 초자연적인 것, 즉 계시된 신비를 배제하고 신학을 자연적 지식으로 환원하려는 합리주의 및 결국 회의주의로 떨어져 버리는 맹신주의에 대한 강한 저항이 있었다. 특별히 성 토마스의 정신 자세 속에서 두드러진 이 저항 덕분에 철학은 가능한 최선의 실행 조건들 속에서 발전될 수 있었다. 이렇게 됨으로써 결과적으로 철학사의 다른 시기들에는 형이상학적 총체성과의 관계 및 그 순수 이론성의 특성을 잃어버리게 만들었던 특수 과학들의 영향을 벗어나 지혜로서의 앎의 영역 속에 자리 잡고 있는 것으로 드러난다. 더욱이, (신비적 요구와 비판적 요구를 동시에 존중할 수 있는 신앙의 학문인) 신학과의 연결이 그리스도교 철학자의 의식 속에서 철학적 탐구의 가치와 한계를 확인시켜 줌으로써 회의주의는 물론 합리주의적 신비주의도 피할 수 있게 해 준다.

---

55. Cf. Gilson, *Christianisme et theologie*, pp.131-132.
56. 하버드대학에서 행한 이 유명한 강연은 영어로 출판되었다: Gilson, *The Unity of Philosophical Experience*, New York, Scribner's, 1937(『존재와 사유』, 박영도 옮김, 이문출판사, 1985).

철학에 절대적 진리, 구원하는 지식으로서의 가치를 돌림이 없이, 그리스도인은 철학 속에서 인간 의식의 가장 높은 요구, 즉 신의 말씀에 대한 인간의 응답의 일부를 이룰 수 있고 또 이루어야 한다는 요구를 존중하고 배양한다.[57]

질송에게 있어서 이 방법론의 결과는 그 근본적 요소들이 영구적으로 타당한 진정한 형이상학적 탐구를 촉진하였다는 것이다. 그것은 관념주의에서처럼 어떤 폐쇄된 '체계'가 아니라, 실존적이고 역사적인 구체성을 지니고 있는 경험을 존재 관념으로부터 유래되는 가지성의 보편적 원리들과 연결시키는 의식의 정위이다.[58]

4. 말년의 작업

말년의 질송의 관심은 신앙의 경험과 그리스도교적 지혜를 진정한 철학의 실현을 위한 특전적 '자리'로 간주하는 데에 점점 더 집중된다. 신앙의 경험과 그리스도교 신학자의 초자연적 신학은 철학자가 더욱 자기 자신에게 충실하고 철학적 질서에서 합리적 탐구를 통해 얻어지는 결과들을 추적할 수 있기 위한 우호적인 '분위기'를 구성한다.

직접, 또는 간접적으로 우리의 탐구와 주로 관련되는 내용을 조명하거나 설명하고 있는 질송의 말년의 작품들은 다음과 같다: 『중세의 이성과 신앙』(버지니아대학 리처드 강연, 1937), 『신과 철학』(인디애나대학 파월 강연, 1941), 『존재와 몇몇 철학자들』(1949), 『성 토마스 아퀴나스의 지혜와 사랑』(아퀴나스 강연,

---

57. Cf. Gilson, *The Unity of Philosophical Experience*, pp.92-121(박영도 옮김, 97-125쪽).
58. Cf. Gilson, *The Unity of Philosophical Experience*, p.317(박영도 옮김, 316쪽).

1951), 『그리스도교 철학이란 무엇인가?』(1957), 『그리스도교 철학의 기본 요소들』(1960), 『철학자와 신학』(1960), 『그리스도교 철학 입문』(1960), 『한 그리스도교 철학자의 자화상』(1971) 등.

이 작품들 속에서 질송은 (특히 중세 철학에서) 그리스도교가 철학에 미친 영향은 역사적 사실이라는 점을 기회 있을 적마다 강조하였다. 이런 철학은 아직까지도 능가되지 않은 목표들에 도달하였다. 왜냐하면 그리스도교적 지혜의 내부에 자리 잡고 있는 덕분에 철학이 최상의 조건 속에서 실행될 수 있었기 때문이다. 그 특수 과제는 인간 실존과 인간 실존의 다양한 측면들을 존재와 그 제1원리들 및 보편적 원인들과 관련시켜 이해하는 것이다.[59] 그리스도교 신앙과 신앙의 대상인 그리스도교적 세계관이 실재주의적 인식론과 (의미에 있어서는 다르지만 아리스토텔레스의 것과 연결선상에 있는) 실재주의적 형이상학을 떠받치고 있다.[60]

위에 지적한 작품들 속에서 한 신학자가 그 상징성과 모범성으로 다른 모든 이들 위에 우뚝 솟아오른다. 즉 토마스 아퀴나스(Thomas Aquinas)이다. 질송에 따르면, 그 안에서 신앙과 이성, 신학과 철학이 가장 전형적인 이론(신비적 명상, 신학적 성찰, 철학적 반성)의 모든 측면들을 통합하는 맥락인 그리스도교적 지혜의 내부에서 결정적인 형태로 통합되고 구별되며 행복한 동거가 실현되었다.[61]

질송은 『그리스도교 철학이란 무엇인가?』라는 논문에서 이렇

---

59. Cf. Gilson, *The Unity of Philosophical Experience*, pp.35-36(박영도 옮김, 42-43쪽).
60. Cf. Gilson, *The Spirit of Mediaeval Philosophy*, pp.229-247.
61. Cf. Toso, *Fede, ragione, civilta. Saggio sul pensiero di Etienne Gilson*, p.41-42.

게 말한다. 계시는 철학적 이성의 영역과 일치되는 관념들 '도' 포함하고 있다. 그리고 이 관념들은 철학의 근본 문제들에 대한 완전히 일관되고 논리적인 해결책을 대표하기 때문에, 철학적 이성이 어떻게 자기 자신과 자신의 지평을 (사변적 관점에서, 즉 온통 그것을 소진시키지는 않는 질서에 따라, 정상적으로는 철학자가 신앙의 도움이 없이는 도달하지 못하는 것보다 더 완전한 합리성을 담지하고 있는) 계시의 내부에서 발견하는지를 어렵지 않게 이해할 수 있다.[62]

그러므로 '그리스도교 철학'에 관한 질송의 연구들 전체로부터 다음과 같은 교훈을 얻을 수 있다. 철학자와 철학은 그리스도교 신앙의 은혜로운 영향으로부터 분리되지 않는다면 부당한 신학주의와 합리주의를 넘어 더 큰 희망을 가지고 미래를 바라볼 수 있다. 철학은 인간처럼 신앙 '속에서' 자신의 구원에 이르는 것이다. 그리스도의 구원 사건 이후에 이상은 정확히 『그리스도교 철학 입문』 제1장의 제목이 말해 주고 있는 것처럼 "믿고 있는 상태" 속에서 철학을 하는 것이다.[63]

5. 그리스도교 철학의 실존과 본성

이제껏 질송의 역사적 탐구 여정을 살펴보았으니, 이제는 질송이 오랜 역사적 탐구를 통해서 발견한 결실들을 정리해 보기로 하자.

『중세 철학의 정신』에서 질송은 '그리스도교 철학'이라는 개

---

62. "그것은 철학에 대해서라기보다는 사실상 철학과 계시에 의해서 공동으로 중첩되는 모든 요점들에 대해서이다"(Gilson, "What Is Christian Philosophy?", p.178).
63. Cf. Gilson, *Introduction a la philosophie chretienne*, p.13.

념과 관련된 문제를 정리하는 것으로 시작하고 있다. 질송은 이 문제가 철학적 질서에 속하는 심각한 문제임을 인정하고 있다. 이 문제는 "'그리스도교 철학'이라는 관념 자체가 어떤 실제적인 의미를 갖는지, 그리고 뒤따르는 문제로서 그에 상응하는 실재가 실존했던 적이 있는지"를 묻는다. 이것은 우연히 철학자들이기도 한 그리스도인들이 있는지를 묻는 것이 아니라 '그리스도교적 철학자들'(Christian philosophers)이 있는지를 묻는 것이다. 중세 동안에 그리스도교 학자들이 그리스도교 교리에 입각하여 구성한 '스콜라학'(Scholasticism)이 실제로 '철학'이라는 이름에 어울리는지를 묻는 것이다.[64]

대다수의 세속 철학자들과 역사가들은 중세에도 그리스도교 철학과 같은 것은 존재한 적이 없었다고 주장한다.[65] 그들이 우리에게 물려준 것은 기껏 그리스 사상의 몇몇 편린들을 억지로 신학에 짜 맞춘 것에 지나지 않으며, 따라서 그리스도교는 인류의 철학적 유산에 아무것도 기여한 것이 없다는 것이다.

이렇게 역사가들이 확인하는 사실에 대해서 철학자들은 그 근거를 댄다. 그리스도교 철학이 역사의 무대에 등장한 적이 없다면 그것은 그리스도교 철학 개념이 '사각의 원'처럼 모순적이고 불가능하기 때문이라는 것이다.[66] 이런 순수 합리주의자들

---

64. Gilson, *The Spirit of Mediaeval Philosophy*, p.1-2.
65. Cf. M. de Wulf, *Histoire de la philosophie medievale*, 4a ed., 1912, p.186, n.2; M. Scheler, *Krie und Aufban*, Leipzig, 1916; E. Brehier, *Histoire de la philosophie*, t.I: L'antique et le moyen age, Paris, Alcan, 1927; "Y a-t-il une philosophie chretienne?", *Revue de metaphysique et de morale*, avril-june 1931, 133-162.
66. Ludwig Feuerbach, *Ueber Philosophie und Christentum in Beziehung auf den der hegelischen Philosophie gemachten Vorwurf der Unchristlichkeit*(1839), in *L. Feuerbachs saemliche Werke*, W.Bolin und Fr.Jodl(ed.), Stuttgart, 1903, t.VII, pp.41-109. Cf. ID., "Kritik der christlichen oder 'positiven' Philosophie"(1838), in Ibid., pp.128-153. 1930년대 초 그리스도교 철학의 성립 가능성에 관한 공방

은 종교와 철학이 본질적으로 상이하기 때문에, 양자 사이의 협력이라는 것은 애당초 불가능하며, 이성의 질서를 따르는 철학은 계시라고 불리는 비합리적인 지식으로부터 본질적으로 독립적이라고 주장한다.

그런데 적지 않은 신·스콜라 학자들은 합리주의적 논거를 받아들일 뿐만 아니라 그들의 결론까지도 수용하고자 한다. 그들은 그 어떤 그리스도교 사상가도 철학을 구성하지 못했다고는 주장하지 않는다. 성 안셀무스와 성 보나벤투라 등 대다수의 스콜라 학자들은 신앙으로부터 출발하기 때문에 신학 안에 머물러

에서 브랑슈빅(Brunschvicg)은 양도 논증의 형식을 제시하였다. "성 토마스가 아리스토텔레스의 가르침에 세례를 베풀었을 때, 아리스토텔레스의 철학은 본질적으로 아무런 변화도 겪지 않았거나, 아니면 본질적인 변화를 겪었을 것이다. 첫 번째 경우에, 토마스 철학은 그 내밀한 아리스토텔레스적 또는 이교도적 본성 때문에 그리스도교적인 것이 아니다. 두 번째 경우에 그것은 철학이 아니라 신앙이다. […] 이로부터 다음과 같은 결론이 나온다. 어떤 철학 체계의 저자는 분명히 그리스도교적일 수 있다. 그러나 이 사실은 수학이나 의학 논술의 저자의 경우처럼, 철학과는 관계가 없는 우연성일 뿐이다. 만일 그렇지 않고 그리스도교가 그 사람을 온통 사로잡고 있다면, 그가 철학을 전개하는 방식은 더 이상 철학자들의 방식이 아니다"(Leon Brunschvicg, in Bulletin de la societe francaise, 1931, pp.75-76). 하이데거(Heidegger)는 신앙인이 신앙을 통해서 만물의 존재가 신에 의해서 창조되었다고 고백하기 때문에, 추후의 형이상학적 질문을 던질 권리가 없다고 주장한다. "이런 신앙의 기반 위에 서 있는 사람은 우리의 질문['왜 존재하는 것은 존재하고 무는 없는가?']을 질문함에 있어서 어떤 특정 형태로 뒤따를 수도 있고 또 함께 이끌어 나갈 수도 있을 것이다. 그러나 만일 그가 스스로 믿는 자라는 사실을 이 행위의 모든 결과와 함께 포기하지 않는다면, 그는 결코 진정으로 질문할 수는 없는 것이다. 그는 다만 '마치 -인양' 행동할 수 있을 따름이다. […] '그리스도교 철학'이라는 것은 일종의 '나무로 된 쇠'와 같은 것이요 하나의 오해일 뿐이다. 그렇다고 그리스도교적으로 경험된 세계, 다시 말해서 신앙에 대해서 질문하고 생각하는 근본적인 연구가 없는 것은 아니다. 그러나 그것은 신학인 것이다. […] 철학을 한다는 것은 '왜 있는 것은 도대체 있고 차라리 아무것도 없지 않은가?'를 질문하는 것이다. 정말 이렇게 질문한다는 것은 이 질문이 질문하도록 요구하는 것을 질문의 한없는 전개를 통해 그 끝에 이르도록 이끌어 나가는 것, 극에 이르도록 감행하는 것을 의미하는 것이다. 이와 같은 사실이 따라올 때 비로소 철학은 존재하는 것이다"(M.하이데거, 『형이상학 입문』, 박휘근 옮김, 문예출판사, 1994, 31-32쪽).

있지만, 적어도 성 토마스 아퀴나스에게서만큼은 철학을 인정하기 때문이다. 하지만 그들은 그것이 유일한 것이었고, 또 순수하게 합리적 차원 위에 구성되었던 유일한 철학이라고 주장한다.[67] 그들에 따르면 토미즘은 합리적으로 수정되고 정당하게 보완된 아리스토텔레스주의에 지나지 않는다. 이런 태도의 논리적 귀결은 그리스도교 철학 개념 자체에 대한 단적인 부정이다.[68]

이런 상황 속에서 질송은 그리스도교 철학의 역사적 실존과 가능성을 추적하기 위해서 그리스도교 초창기의 역사로 돌아간다. 질송에게 있어서 그리스도교 철학이란 본래 역사적으로 관찰할 수 있는 어떤 실재들, 즉 교부들과 스콜라 신학자들의 작품들 속에서 발견되는 다양한 철학적 가르침들을 표시하는 이름이었다.[69] 그들은 순수 이성의 실행을 하나의 가능성으로 간주하였고, 추상적으로 정의되는 이성의 차원이 아니라 이성이 실행되고 있는 사실상의 여건의 차원에 머물러 있었다. 질송은 그리스 철학자들과 우리 사이에는 그리스도교 계시가 개재하고 있고, 그것은 이성이 실행되는 여건들을 심층적으로 변형시킨다고 확신하고 있다. "일단 이 계시를 소유하고 있는 이상 어떻게 그것에 관해서 전혀 들어 보지도 못한 양 철학을 할 수 있단 말인가? 플라톤과 아리스토텔레스의 오류들은 바로 순수 이성이 떨어질 수 있는 오류들이고, 자족적이기를 추구하는 모든 철

---

67. Cf. P. Mandonnet, OP, in *Bulletin thomiste*, 1924, 132-136; Marie Dominique Chenu, OP, in *Bulletin thomiste*, janvier, 1928, 244.
68. Cf. Gilson, The Spirit of Mediaeval Philosophy, pp.7-8.
69 질송은 자신의 『그리스도교와 철학』에 대해서 다음과 같이 말하고 있다: "이 책에서의 기본 사상은 '그리스도교 철학'이라는 구절이 역사 속에서 관찰될 수 있는 어떤 실재에 대한 신학적 관념을 표현한다"(Gilson, *The Christian Philosophy of St. Thomas Aquinas*, p.441, n.20). Cf. Gilson, "La possibilite philosophique de la philosophie chretienne", *Revue des sciences religieuse* 32(1958), 168.

학은 다시 그 오류들이나 혹은 더 심각한 오류들에 떨어지게 될 것이다. 따라서 이제부터 유일하게 안전한 길은 계시를 우리의 안내자로 삼아 그 내용을 이해하려고 노력하는 길이다. '이해를 추구하는 신앙'(fides quaerens intellectum), 이것이 바로 중세 사변의 기본 원리이다."[70]

왜 그토록 많은 철학자들은 자기들의 철학적 난점들에 대한 보다 만족스러운 해결책을 발견하기 위해서 사실상 그리스도교로 돌아선 것일까? 질송은 그 답을 찾기 위해 그리스도교의 초창기의 역사를 살피고 있다. 분명히 사도 바오로(St. Paulus)에게 있어서 그리스도교는 단지 또 하나의 철학이 아니라 흔히 철학이라고 알려진 모든 것을 능가하는 가르침이었다. 그리스도교는 그리스도께 대한 신앙에 의해서 구원을 제공하고, 그리스인들의 지혜와는 대조된다. 만일 일부 바오로의 본문들이 그리스 철학을 배격하는 듯이 보인다면, 그것들의 실재적 의도는, 질송에 따르면, "실제로는 어리석은 그리스인들의 지혜를 옆으로 치워 두고, 실제로는 지혜인 그리스도교의 외양적인 어리석음에 이르는 길을 다지려는 것이다." 진정한 지혜는 그리스도에 의해서 선포된 구원이다.[71]

그러나 이것은 그리스도교 철학 문제를 미해결로 남겨 놓는다. 신앙이 우리를 철학의 필요로부터 자유롭게 만들 수 있다. 그러나 그렇다면 왜 초창기 교부 시대의 일부 사상가들은 그리스도교를 수용함으로써 철학적으로 이득을 취했단 말인가? 질송은 유스티누스(St. Justinus)를 그 최초의 예로 인용하기를 좋아한다. 유스티누스는 다양한 그리스 철학자들에 대한 오랜 연

---

70. Gilson, *The Spirit of Mediaeval Philosophy*, p.5.
71. Gilson, *The Spirit of Mediaeval Philosophy*, pp.20-22.

구를 한 다음에 결국에는 그리스도교 자체가 유일하게 "확실하고 유익한 철학"이라는 결론에 도달하였다. 이성에만 의존해서 진리를 추적하다가 실패한 연후에 유스티누스는 신앙에 의해 제안된 진리를 받아들였다. 그때부터 그의 이성은 충만한 만족에 도달하였다. 그러므로 유스티누스 및 그와 유사한 사람들에게 있어서, "가장 행복한 철학적 상황은 더 이상 이교도의 처지가 아니라 그리스도인의 처지"이다.[72]

『중세 철학 정신』의 두 번째 장에서 질송은 아우구스티누스, 락탄티우스, 안셀무스, 그리고 토마스 아퀴나스에게서 유사한 유형을 감지한다. 이 각 사상가들에게 있어서 그리스도교는 '구원의 길'이었다. 더욱이, 신앙은 이성에만 의지해서는 제공될 수 없는 확실성을 제공하였다. 그리고 모든 경우에 이성이 그리스도교적 조건들 아래에 놓여 있었기 때문에, 질송은 그 역할이 크게 향상되었다고 본다.[73]

질송에 따르면, "그리스도교 철학의 내용은 이성이 계시로부터 받는 도움 덕분에 발견되고 탐험되고 또는 단적으로 수호된 합리적 진리들의 총체"이다.[74] 여기서 계시와 이성 사이의 내밀한 관계를 인정하지 않을 수 없다.[75] 질송은 계속해서 자신이 그리스도교 철학으로써 무엇을 의미하고 있는지를 말하고 있다.

---

72. *Ibid.*, pp.23-28.
73. Gilson, *The Spirit of Mediaeval Philosophy*, pp.29-34. 39-41.
74. *Ibid.*, p.35. Cf. Gilson, "What Is Christian Philosophy?", pp.177-179.
75. Cf. Gilson, *The Spirit of Mediaeval Philosophy*, p.36: "신앙인이 자신의 주장들을 신앙으로부터 얻게 된 내밀한 확신 위에 정초하는 한, 그는 순수하게 그리고 단적으로 신앙인인 채로 남아 있다. 그는 아직 철학의 문으로 들어간 것이 아니다. 그러나 자신의 신념들 가운데 어떤 것들이 과학의 대상이 될 수 있다는 것을 발견하게 될 때 그는 '철학자'가 된다. 그리고 만일 그가 그 새로운 철학적 통찰을 빚지고 있는 것이 그리스도교 신앙이라면 그는 '그리스도교 철학자'가 된다."

"이리하여 나는 '두 질서를 형상적으로 구별되는 것으로 유지하면서도 그리스도교 계시를 이성의 불가결의 도움으로 간주하는 모든 철학'을 그리스도교적 철학이라고 부른다."[76]

질송은 철학의 질서와 신학의 질서가 형상적으로 구별된 채로 유지되어야 한다는 점을 강조한다. 형상적 질서는 어떤 사물의 본질과 관계된다. 만일 자연적 이성의 빛 속에서 작용하는 것이 철학의 본질에 속하는 것이라면, 계시의 빛 아래에서 진행하는 것은 신학의 본질에 속한다.[77] 이 두 질서는 형상적으로 구별된다. 따라서 우리는 결코 그리스도교 철학 관념에 일치되는 어떤 단순한 본질 또는 무엇임을 발견할 수 없을 것이다. 질송이 염두에 두고 있는 것은 어떤 구체적인 역사적 실재, 즉 정의되기보다는 묘사되어야 하는 어떤 것이고, "오직 그리스도교가 존재했기 때문에 그리고 그것들이 기꺼이 그 영향을 받아들였기 때문에만 사실상 그러한 것으로서 존재하게 된 저 모든 철학 체계들"을 포함하는 어떤 것이다.[78]

---

76. Ibid., p.37. 참조: "그리스도교 철학이란 그리스도교 신앙과 인간의 지성이 철학적 진리라는 공통의 탐구에서 협력하는 철학 방법이다"(Gilson, *Elements of Christian Philosophy*, p.5). 질송은 그리스도교 철학에 대한 자신의 관점이 교황 레오 13세가 『영원하신 아버지』에서 옹호하고 있는 것과 일치된다는 점을 강조한다. 그는 그 회칙이 인간 이성과 관련하여 단지 신앙을 위한 부정적 역할보다 훨씬 더 이상을 가리킨다고 확신하고 있다. 질송이 해석하는 바에 따르면, 긍정적 영향은 다음과 같다: "그러므로 철학 연구와 그리스도교 신앙에 대한 복종을 결합시키는 사람들은 최선의 방식으로 철학을 하고 있는 중이다. 왜냐하면 그 정신 속에 받아들여진 신적 진리의 광채는 그 이해를 돕고, 결코 그 품위를 앗아 가지 않을 뿐만 아니라, 그 고상함, 날카로움, 확고함 등을 크게 향상시키기 때문이다"(Gilson, "What Is Christian Philosophy?", p.186에 인용되어 있다). Cf. Gilson, *Christianity and Philosophy*, tr. R. Macdonald, New York, Sheed and Ward, 1939, pp.91-102; *The Philosopher and Theology*, tr. Cecile Gilson, New York, Random House, 1962, pp.175-190.
77. Gilson, *The Philosopher and Theology*, p.192. Cf. Gilson, *The Christian Philosophy of St. Thomas Aquinas*, pp.20-23.

그리스도교 철학에 대한 질송의 진술에서 강조되고 있는 것은 계시와 이성 사이의 '어떤 내밀한 관계'이다. 그리스도교 철학이 신앙과 계시를 (이성이 계시된 진리에 모순될 위험에 처해 있을 때 이성에게 경고하는) 하나의 부정적 규범이라고 말하는 것만으로는 충분하지 못하다. 질송에 따르면 신앙은 물론 이것을 행하지만, 그것으로 그치는 것이 아니다. 그리스도교 철학은 또한 철학이 그 그리스도교적 실존 상태로부터 받아들인 어떤 적극적인 기여들도 포함할 것이다.[79] 무엇보다도, 이것은 철학이 오직 계시의 적극적인 제언에 따를 때에만 자연적으로 알려질 수 있는 어떤 진리들을 발견하였다는 것을 함축한다. 물론 일단 그런 진리들이 신앙에 의해서 지적되기만 하면, 그리스도교 철학자는 그것들의 합리적 토대들을 검토하는 작업에 투신하는 것이다.[80]

또한 질송은 그리스도교 철학자와 그리스도교 철학에 전형적인 몇몇 특성들을 제시하고 있다. 먼저, 그리스도교 철학자가 모든 철학 문제들을 검토할 권리를 지니고는 있지만, 그는 사실상 선택한다. 그는 특히 신의 존재와 본성, 그리고 인간의 기원, 본성, 운명 등에 관한 문제들에 특별한 관심을 기울인다.[81] 그리

---

78. Gilson, *The Spirit of Mediaeval Philosophy*, p.37: "이런 의미에서[즉, 그 형상적 본질에 따라서] 철학은 그리스도교적일 수 없고, 또 그 때문에 유대교적이거나 이슬람적일 수 없다. 그리스도교 철학 관념은 '그리스도교 물리학'이나 '그리스도교 수학'과 마찬가지로 아무런 의미도 없다."
79. Gilson, "What Is Christian Philosophy?", p.186.
80. Gilson, *The Spirit of Mediaeval Philosophy*, pp.40-41; *Elements of Christian Philosophy*, p.25.
81. Cf. Battista Mondin, "Compiti antichi e nuovi della filosofia cristiana", in AA.VV., *Virtualita e attualita della filosofia cristiana*, Roma, P. U. Urbaniana, 1988, pp.21-25: "분명 그리스도교는 철학이 아니라 종교이고, 궁극적 문제들에 대한 단순한 사변이 아니라, 특히 구원의 역사이다. 그러나 궁극적 문제들에 대해서는 할 말이 많고, 그 철학적 역량은 실로 엄청나다."

스도교 철학의 두 번째 특성은 그 체계화의 경향이다. 이것은 이해될 수 있는 일이다. 왜냐하면 그리스도교의 실재관 속에는 인간이 신과의 관계 속에 놓이게 되는 어떤 고정된 준거틀이 있기 때문이다. 마지막으로 그리스도교 철학은 그 완성을 위해 필요한 소재를 수중에 지니고 있다. 이 점을 조명하기 위해서 질송은 인간 이성도 알 수 있는 어떤 진리들을 신이 계시한 것이 적절했다고 지적하고 있는 토마스 아퀴나스의 『이교도대전』 제1권 4장에 호소하고 있다. 토마스는 이렇게 추론하고 있다. 그렇지 않았더라면 (구원을 위해서 필요한 일부 진리도 포함하고 있는) 이런 유형의 진리는 겨우 소수의 사람들에게만 포착되었을 것이다. 계시가 없었더라면 대다수의 사람들은, 타고난 능력의 부족 때문이거나 아니면 그런 주제들을 탐구할 시간이나 관심의 부족 때문에, 그런 진리를 결코 얻지 못했을 것이다. 게다가 그런 진리에 마침내 도달하게 된 사람들조차도 오직 오랜 시간에 걸친 대단한 노력을 통해서만 겨우 그렇게 할 수 있을 뿐이다. 마지막으로, 아퀴나스에 따르면, 인간 지성은 그 현재의 상태 속에서 그토록 약해져 있기 때문에, 신앙의 의해서 강화되지 않는다면, 어떤 이들에게는 분명하게 증명된 것으로 보일지라도 다른 사람들에게는 의심스러운 채로 남아 있을 수 있다. 그리고 그 소수의 사람들이 마침내 도달한 그 진리들에도 오류가 섞여 있을 수 있다. 설사 이것이 신앙의 도움을 받지 않는 이성이 실제로 취득할 수 있는 결과들에 대한 낙관주의적 견해는 아니더라도, 질송은 그것이 형이상학적 진리들에 관련된 토마스 아퀴나스의 관점이라는 것을 강조한다.[82]

---

82. Gilson, *The Spirit of Mediaeval Philosophy*, pp.37-40. Cf. Gilson, "Thomas Aquinas and Our Colleagues", in A. Pegis(ed.), *A Gilson Reader*, p.296, n.7; "What Is Christian Philosophy?", pp.179-182; *Elements of Christian Philos-*

그러므로, 요컨대, 그 자체로 고찰된 어떤 참된 철학이 그 고유의 합리성에 의존하고 있음을 인정하더라도, 질송은 그런 철학이 사실상 "이성에 불가결한 도덕적 지지로서 작용하는" 계시의 도움이 없이 구성되지 않았다는 점을 강조한다. 역사 자체와 아퀴나스의 언급들은 둘 다 이 결론을 지지하고 있다. 역사 안에서 형이상학의 발전에 미친 계시의 영향을 발견하게 될 때, 그리스도교 철학이라는 실재는 역사적으로 입증되는데, 질송이 바로 그 점을 선언하고 있는 것이다.[83]

6. 철학과 신학

한 그리스도교 철학자의 작업 안에서 철학과 신학은 서로 어떤 관계를 맺고 있는 것일까? 질송은 토마스 아퀴나스의 독창적인 철학적 기여가 그의 신학적 작품들 속에서 발견되어야 한다는 점을 강조하였다.[84] 물론 이것은 철학을 하는 그리스도인이

---

ophy, pp.24-25.
83. Cf. Gilson, *The Spirit of Mediaeval Philosophy*, pp.40-41; *History of Christian Philosophy in the Middle Ages*; *The Christian Philosophy of St. Augustine*, tr. L. E. Lynch, New York, 1960; *The Philosophy of St. Bonaventure*; *The Christian Philosophy of St. Thomas Aquinas*; *Elements of Christian Philosophy*; *Introduction a la philosophie chretienne*; *Jean Duns Scot*: *Introduction a ses positions fondamentales*, Paris, 1952.
84. "아리스토텔레스의 작품들에 대한 성 토마스의 주해서들은 매우 귀중한 문헌들로서, 만일 그것들을 상실해 버린다면 비난받아 마땅할 것이다. 그럼에도 불구하고 설령 그것들이 몽땅 소실되어 버린다고 하더라도, 두 권의 『대전』들이 아직도 그의 철학 사상 가운데서 가장 독창적이고 가장 심원한 모든 것을 보존할 것이지만, 만일 성 토마스의 그 신학 작품들이 소실되어 버린다면 우리는 형이상학적 인식의 보편적 보화에 대한 그의 가장 중요한 기여를 상실하게 되는 것이다"(Gilson, *The Christian Philosophy of St. Thomas Aquinas*, p.8). " '주해자' 토마스는 『신학대전』의 저자가 아니다. 그는 글자 그대로 거의 또는 전혀 아리스토텔레스의 가르침에 동의하지 않은 적이 없다고 해도 과언이 아닌, 아리스토텔레스의 작품들에 대

이교도와 똑같은 상황 속에 있지 않다는 질송의 관점에 일치된다. 그러므로 우리는 자연 신학과 계시 신학 사이의 어떤 실재적인 관계를 인정하지 않으면 안 된다. 두 가지 이유가 이 결론을 가리킨다. 첫째, 과거에 자연 신학의 대단히 위대한 스승들이 또한 직업적 신학자들이기도 하였다. 둘째, 철학을 신학으로부터 분리시키려는 모든 역사적 시도가, 질송이 볼 때에는, 모두 재앙으로 끝났다. 신앙의 역할을 어떤 부정적 규범으로 한정하는 것만으로는 충분하지 못하다. 철학자이든 비철학자이든 모든 사람들에게 가능한 것으로 설정된 신앙은 모순되지 않는 진리들을 가르치기만 하는 것이 아니다. 계시 진리들 가운데 어떤 것들이 '신앙의 현관'(praeambula fidei)으로서의 이성적 증명도 허용하는 그만큼, 신앙인인 철학자는 그런 진리들을 가능한 한에서 증명하고 이해하려고 노력하도록 초대되고 있다.[85]

아리스토텔레스에 대한 아퀴나스의 관계에 관하여 질송은 토마스가 단적으로 아리스토텔레스에게 '세례를 베풀었다'고 말하는 것을 지나친 단순화라고 판단하고 있다. 토마스는 아리스토텔레스에 대한 주해에서 그가 그리스도교의 가르침에 위배되는 것을 볼 적마다, 그에게 상당히 많이 허용하거나, 아니면 적

한 주해서들의 저자이다. 그런데 이것이 바로 성 토마스의 철학을 그의 아리스토텔레스에 대한 주해서들로부터만 개진해서는 안 되는 이유이다"(Gilson, *Elements of Christian Philosophy*, p.289, n.6). "'철학자'의 작품들에 대한 그의 주해서들 속에서 성 토마스는 일차적으로 자기 자신의 철학에 관심을 기울이는 것이 아니라 아리스토텔레스의 철학에 관심을 기울이고 있다. […] 성 토마스는 아리스토텔레스에 대한 자신의 주해서들 속에서는 다만 주해자에 지나지 않는다. 그의 개인적 사상을 위해서는 자신을 고유한 의미에서의 저자로 바라보고 있는 두 권의 『대전』들 및 유사한 작품들을 살펴보아야 한다. 놀라운 논술 『존재자와 본질』에서조차도 신학적 차원은 표층에서부터 그리 멀리 있지 않다" (Gilson, *The Philosopher and Theology*, pp.210-211).

85. Gilson, *Christianity and Philosophy*, pp.77-79.

어도 자신이 명시적으로 옹호하지 않는 결론들을 그에게 강요하지 않고 있다. 이리하여 아퀴나스는 자신의 『형이상학 주해』에서 결코 '창조'라는 용어를 제1원동자의 원인성을 진술하는 데 사용하지 않는다. 그러나 그는 아리스토텔레스로부터 그 속에 분명하게 들어 있는 것은 아니지만 아베로에스에 의해서 제언된 것과 같은 해석들이 함축하고 있는, 그리스도교 진리에 모순되는 것으로 추정되는 것들을 제거하고자 시도하였다. 질송의 관점에서 볼 때, 만일 아리스토텔레스에 대한 토마스의 "세례"에 대해서 말하고자 한다면, 그것은 토마스의 신학적 작품들 속에서 발생하였다.[86]

아리스토텔레스를 정화한 다음에 아퀴나스는 그의 사상 속에 들어 있는 몇몇 결함들을 지적하였다. 여기서 그는 아리스토텔레스를 보완하는 것이 필요하다고 생각하였다. 그렇지만 아리스토텔레스는 여전히 '탁월한 철학자'였고, 신앙의 도움을 받지 않은 이성이 계시의 도움이 없이 도달할 수 있는 최상의 것을 대표하는 것으로 보였다. 그렇지만 그의 신학 작업에서 아퀴나스는 적절한 철학을 필요로 하였다. 그러나 활용할 수 있는 것이 아무것도 없었기 때문에, 그는 자신만의 철학을 전개하는 것이 필요하다고 생각하였고, 이것을 질송은 "아리스토텔레스 형이상학의 근본적 관념들을 그리스도교 진리에 비추어서 재해석함"이라고 부른다. 질송은 그 예로 존재, 실체, 능동인 등과 같은 토마스의 관념들을 지적한다.[87]

---

86. Gilson, *Elements of Christian Philosophy*, p.14.
87. *Ibid.*, p.15. 이 동일한 용어들이 또한 아리스토텔레스 안에서도 발견된다고 하더라도, 질송은 아퀴나스 안에서 그것들이 새로운 의미를 취하게 되었다는 점을 강조한다. 질송의 눈에는 토마스의 형이상학을 제대로 이해하기 위한 유일하게 참된 길은 "존재라는 특정 형이상학적 관념이 그리스도교적 신이라는 특정 관념과 연결되어 있다"는 사실에 있다(*Ibid.*, p.6). 이

질송은 아리스토텔레스 형이상학에 대한 이 토미스트적 발전이 '그리스도교 진리의 교사' 또는 '그리스도교 신학자'의 작업이라는 점을 강조한다. 아퀴나스는 이런 신학적 사명 위에서 철학을 발전시키는 것이 필요하다고 생각하였다. 그러나 질송의 해석에 따르면, 이 철학은 토마스 신학의 일부이다.[88]

그렇다면 아퀴나스의 작품들 속에는 도대체 철학이 들어 있는가? 질송은 있다고 강조한다. 그러나 그는 그것이 언제나 인간의 신 인식을 돕기 위해서 거기에 있다는 점을 지적한다. 토마스는 '신학적 목적'을 염두에 두고서 철학을 작업해 내었다. 이 점과 관련해서 질송은 그리스도교 수도자가 학문들을 연구해서는 안 된다는 이의 제기에 대한 토마스의 답변을 전폭적으로 수용하며 인용하고 있다. 토마스는 『신학대전』에서 수도자들이 거룩한 가르침에 봉사하는 한에서 다양한 세속적 학문들에 관심을 기울여야 한다고 답변한다. 질송은 이것을 철학적 사변에 관한 토마스의 태도에 대한 완벽한 표현으로 보고 있다.[89]

우리가 이미 확인한 것처럼, 질송의 역사적 탐구는 그로 하여금 그리스도교 철학이라는 것이 있었다는 확신을 갖게 해 주었다. 이 철학이 신앙의 지도 아래 신학자들에 의해서 작업되었고,

---

관념을 그 가장 중요한 형이상학적 분지화들 가운데 일부 속에서 설명하자는 것이 『그리스도교 철학의 기본 요소들』과 『그리스도교 철학 입문』의 주요 목적이다.

88. Cf. Gilson, *Elements of Christian Philosophy*, p.282, n.6: "토마스 자신에 따르면 자기 신학의 일부인 이 철학은 그 어떠한 계시된 지식에도 호소하지 않는다. 그것은 그 원리와 방법에 있어서 순수하게 합리적이고, 더더욱, 인간 인식의 제1 원리인 존재자가 토마스와 아리스토텔레스에 의해서 똑같은 의미로 이해되고 있지 않기 때문에 아리스토텔레스의 철학으로 환원될 수 없다."

89. Thomas Aquinas, *Summa Theologiae*, II-II, q.188, a.5, ad3. Gilson, *Elements of Christian Philosophy*, pp.19-20. 283, n.11. Cf. Gilson, T*he Christian Philosophy of St. Thomas Aquinas*, pp.6-7.

신학적인 목적들을 위해서 계속 그를 사로잡았다는 사실은 결국 그를 그리스도교 철학이 어떤 식으로든 거룩한 신학 속에 포함되어야 한다는 그의 최종적 관점으로 이끌었다. "그것이 신앙에 의존하기 때문에 그것은 스콜라 '신학'이다. 그러나 그것이 뚜렷하게 철학을 활용하기 때문에, 그것은 '스콜라' 신학이다."[90]

토마스는 신학을 두 종류로 구별한다. 먼저, 그 안에서 신적인 것들이 그 학문의 주제로서가 아니라 그 주제의 원리 또는 원인으로서 고찰되는 신학이 있다. 이것은 형이상학 또는 자연 신학이고, "존재자인 한에 있어서의 존재자"(ens in quantum est ens)를 그 대상으로 삼고 있다. 그것은 신과 신적인 것들을 다만 그 주제의 원리 또는 원인으로서, 즉 그 주제인 존재자로서의 존재자 아래 드는 것으로서 탐구한다. 또 하나의 신학 또는 신적인 학문이 있는데, 그것은 신적인 것들을 당당한 권리를 지니고 있는 주제로서 고찰한다. 이것은 성서에 기초를 두고 있고 우리가 거룩한 신학이라고 알고 있는 신학이다. 아퀴나스에 따르면 이 신학은 자연 신학 또는 형이상학과는 그 종류가 다르다.[91]

질송은 이 토마스의 구별이 적용되는 형상적 질서와 구체적

---

90. Gilson, *The Philosopher and Theology*, p.98. Cf. Gilson, "St. Thomas and Our Colleagues", pp.293-294. 물론 신학을 광의로 바라보는 질송의 관점은 토마스 자신의 것이다(Cf. Gilson, *The Christian Philosophy of St. Thomas Aquinas*, pp.9-10). "어떤 신학적 종합과 통합된" 저 철학적 요소들을 지칭하기 위해서 토마스는 '계시될 수 있는 것'(revelabilia)이라는 용어를 사용하였다. '계시 가능한 것'에 대한 논의를 보기 위해서는: Cf. Ibid., pp.9-15. 추가적 명료화를 보기 위해서는: Cf. Gilson, *Le thomisme*, 6th ed., pp.20-23.
91. Thomas Aquinas, *Expositio super librum Boethii De Trinitate*, B.Decker (ed.), 2d ed., Leiden, 1959, q.5, a.4, pp.194-195: "그러므로 신학 또는 신적 학문에는 두 종류가 있다. 하나는 신적 실재들을 학문의 주제로서가 아니라 그런 주제의 원리들로서 고찰하고(철학자들이 탐구하는 신학, 즉 형이상학), 다른 하나는 동일한 신적 실재들 그 자체를 그 학문의 주제로서 탐구한다(성서 속에서 위탁되고 있는 신학)." 거룩한 학문과 형이상학 사이의 구별 일반에 관해서는: Cf. *Summa Theologiae*, I, q.1, a.1, ad2.

질서를 구별한다. 형상적 질서에서, 일반적으로 거룩한 신학과 형이상학이 구별된다. 그러나 질송은 구체적 질서가 여기서 토마스에게 더 큰 관심사라고 제안하고 있다.[92] 구체적인 질서에서 거룩한 학문은, 철학이 그 자신의 역량에만 내맡겨져 있었더라면 깨닫지 못하는 채로 남아 있었을 철학적 추론의 몇몇 가능성들을 지적한다. 신학자가 자신의 신학에 적용하는 철학은 형상적으로 고찰될 때 그 본성에 있어서 철학적인 채로 남아 있다. 그러나 그것은 이제 보다 높은 신학적 과업 속에 채택되고, 보다 높은 빛에 예속되며, 그로써 그것은 신학의 일부가 된다.[93]

그러나 신학이 철학적 추론을 사용할 때 신학 자체가 저급화되는 것은 아닌가? 토마스는 그런 이의를 『신학대전』에서 검토하고 있다. 만일 거룩한 학문이 보다 낮은 학문들로부터 무언가를 빌려온다면, 거룩한 학문은 보다 낮은 학문들보다 저급한 것으로 보일 것이다. 토마스는 거룩한 가르침이 자신의 원리들을 그 어떤 낮은 학문으로부터 받아들이는 것이 아니라, 오직 계시에 의해서 신으로부터 직접 받는다고 주장한다. 그러므로 거룩한 가르침이 다른 학문들로부터 무언가를 받아들이는 것은 그것들이 상급 학문들이어서가 아니라, 다른 학문들을 시녀들로서 사용하기 때문이다.[94]

또는 반대로, 철학이 신학에 봉사하는 것은 철학의 평가절하가 아닌가? 이에 대해서 질송은 '신학의 시녀'(ancilla theologiae)

---

92. Gilson, *Elements of Christian Philosophy*, p.27. Cf. Gilson, *Introduction a la philosophie chretienne*, pp.112ff. 132.
93. Gilson, *Elements of Christian Philosophy*, p.289, n.36. Cf. Gilson, *The Philosopher and Theology*, pp.100-101; "Thomas Aquinas and Our Colleagues", pp.293-294.
94. Thomas Aquinas, *Summa Theologiae*, I, q.1, a.5, ad2. 이 점에 대해서: Cf. Gilson, *Elements of Christian Philosophy*, pp.36-37.

로서 봉사하는 것이 철학에게는 최고의 영예라고 응수한다. 만일 몇몇 교부들이 철학을 위한 가장 선호할 만한 처지가 이교도의 것이 아니라 그리스도인의 것임을 발견하였다면, 질송은 똑같은 모습으로, 신학의 테두리 내에 존재할 때 철학은 분리된 그 어떤 철학보다 더 나은 조건 속에 있는 것이라고 강조한다. 그렇지만 그것은 또한 그런 관점이 철학을 신학으로 바꾸는 것이고 그로써 그 어느 하나나 혹은 둘 다를 파괴한다는 반론에도 직면해야 하였다.[95] 토마스도 『삼위일체론 주해』에서 유사한 도전을 받았다. 그는 철학이라는 물을 성서라는 포도주와 뒤섞어 어떤 제3의 실체를 만들어 내고 있다는 비난을 받았던 것이다. 그렇지만 여기에는 그 어떠한 혼합물도 없다. 철학은 신앙의 권위 아래로 넘어가고, 그로써 물은 포도주로 바뀐다. 질송은 이것을 철학이 그렇게 사용됨으로써 신학으로 바뀌는 것을 의미하는 것으로 해석한다.[96]

---

95. 최근에 오브라이언, 위펠, 그리고 퀸 등은 질송이 토마스의 형이상학을 "신학화"한다고 주장하였다: Thomas O'Brien, *Metaphysics and the Existence of God*, Washington, The Thomist Press, 1960, pp.121-122. 187; John Wippel, "Teaching Metaphysics: The Value of Aquinas for the Seminarian Today", in *Philosophy in Priestly Formation*, ed. R. Lawler, Washington, CUA, 1978, p.116; J. Quinn, *The Thomism of Etienne Gilson*, Villanova, University Press, 1971, pp.4-5. 그러나 크나사스는 그들의 주장이 질송을 피상적으로 읽는 데에 기인한 오해임을 명쾌하게 논증하고 있다: John Knasas, "Does Gilson Theologize Thomistic Metaphysics?", in *Thomistic Papers*, vol.V, ed. T. Russmann, Houston, Center for Thomistic Studies, 1990, pp.3-24.

96. Thomas Aquinas, *Expositio super librum Boethii De Trinitate*, q.2, a.3, ad5(p.96). Cf. Gilson, *Elements of Christian Philosophy*, pp.289-290, n.36; "Thomas Aquinas and Our Colleagues", p.294; *The Philosopher and Theology*, p.101. "『신학대전』에 있는 그 가르침의 본질이 분명해져야 한다. 그 목적이 독자들, 특히 초심자들을 신학의 가르침으로 안내하는 것이기 때문에, 그 안에 있는 모든 것은 신학적이다. 이것은 그 『대전』이 아무런 철학도 포함하고 있지 않다는 것을 의미하는 것이 아니다. 오히려 그것은 철학으로 가득 차 있다. 그 『대전』 속에 있는 철학이 신학적 목적의 관점에서 거

토마스 아퀴나스의 신학적 작품들 속에서 발견되기 때문에, 그때 철학은 '신학적 목적'의 관점에서 거기에 있다. 따라서 그것은 신학의 형상적 대상의 테두리 안에 포함되고, 그로써 신학적인 것이 된다. 이것이 바로 질송의 최종적 결론인 것으로 보인다. 만일 구체적 질서에서 아퀴나스의 철학이 그의 신앙 및 종교적 확신으로부터 분리되어 있지 않고 그로써 그리스도교 철학으로 구성된다면, 그것은 이제 이 그리스도교 철학이 어떤 신학자에 의해서 신학적 작품들 속에서 그리고 신학적 목적들을 위해서 구성되는 한, 그것은 신학으로 변화된 것으로 보인다.[97]

마무리

그리스도교가 역사 속에 뿌리를 내리면서 고대 그리스 철학과 그리스도교 계시 사이의 만남의 역사가 전개되었다. 테르툴리아누스나 페트루스 다미아니와 같이 인간 이성을 불신의 눈으로 바라보며 경계하고 계시 진리의 우월성과 자족성을 강조하려던 소수의 교부들도 없지 않았으나, 대다수의 교부들과 중세 스콜라 학자들은 그리스도교의 계시 진리를 이해하고 전파하는 데 있어서 철학의 합리적 논증이 매우 유용하다는 점을 인정하였다. 이런 노력이 12~13세기의 풍성한 스콜라학으로 종합되었다.

그런데 근대 철학이 시작되면서 이성과 신앙을 분리시켜 이

기에 있기 때문에, 그리고 그것은 신학자의 고유 작업인 것과 통합되는 것으로서 그 안에 있는 것으로 나타나기 때문에, 그것은 신학의 형상적 대상의 테두리 속에 포함되는 것으로 발견되며 그 고유의 권리로 신학적인 것이 된다"(Gilson, *Elements of Christian Philosophy*, p.42).

97. Cf. John Wippel, *Metaphysical Themes in Thomas Aquinas*, Washington, The Catholic University of America Press, 1984, pp.1-33.

성만의 힘으로 인간과 우주를 해명하려는 합리주의적 태도가 생겨났고, 이런 경향은 계몽주의와 실증주의를 거치면서 더욱 강화되었다. 이들의 태도는 복고주의적이었다. 즉 서로 조화를 이룰 수 없는 철학과 신학을 뒤섞어 혼란만 초래했던 중세 시대를 뛰어넘어 오직 이성에만 의지해서 순수하게 철학적 진리를 추구하던 고대 그리스 철학자들의 학문 태도를 복원하자는 것이었다. 그들은 중세가 철학적 토론에 아무것도 긍정적으로 기여한 바가 없다고 단정 지었다.

이런 합리주의적 분위기가 지배하고 있던 소르본 대학에서 젊은 질송은 오직 스스로의 노력만으로 데카르트 사상의 스콜라학적 원천을 탐구하게 되었다. 그는 그리스도교와 중세 스콜라학을 전제하지 않고서는 데카르트와 근대 철학자들의 사상은 이해될 수 없다는 결론에 도달하였다. 이러한 그의 '놀라운' 발견에 힘입어 토마스 아퀴나스, 보나벤투라, 아우구스티누스, 둔스 스코투스를 비롯한 중세 철학 전반을 더욱 심층적으로 탐구해 들어가게 되었다. 그리고 교부들과 중세 사상가들의 작품들 속에는 고대 그리스 철학에서는 발견될 수 없고 오직 그리스도교 계시 덕분에 가능하게 된 상당수의 철학적 주제들이 들어 있고, 그것들이 그들의 공통적 특징을 이루게 되는데, 그것을 '그리스도교 철학'이라고 부를 수 있다는 결론에 도달한다.

따라서 '그리스도교 철학'이라는 표현의 정당성은 온통 사실로부터 온다. 질송은 철학을 온통 추상적으로, 순전히 정신적 존재성으로 간주하지 않고, 오히려 실존적으로, 구체적 실재로 간주한다.[98] 그는 역사가로서 지어낸 것이 아니라 발견되는 대로

---

98. 질송은 생애 말년에 기고한 「한 그리스도교 철학자의 자화상」이라는 논문에서 다음과 같이 말하고 있다: "나는 그리스도교 철학 문제에 관한 이론적 해결책은 없다고 확신한다. 그 이유는 두 가지이다. 첫째는, 배타적으로 철

의 역사적 사실들의 궁극적 이유들을 규명하려고 노력하였다. 그는 이 사실들 위에서 추상적으로 고찰될 때에는 혼란을 야기할 수도 있는 상기 표현의 용법과 기회의 정당성과 필요성을 정초하였다.

그러나 중세의 그리스도교 사상가들은 드 불프 등이 믿었듯이 유일한 공통의 철학을 공유하고 있었던 것이 아니다. 오히려 개별 신학자들이 계시 진리를 명상하며 해설하는 가운데 활용하게 된 이런저런 철학적 논거들에 따라서 다양한 철학 노선들이 갈라지게 되어, 예컨대 신플라톤주의 철학을 주로 활용하는 아우구스티누스 프란치스코회 전통과 아리스토텔레스 철학을 활용하는 알베르투스 토마스 아퀴나스 계열의 철학적 이론들은 서로 상충될 정도에 이르게 되었다. 따라서 질송에 따르면, 중세에는 물론 근대와 현대에도 다양한 '그리스도교 철학들'이 있었고, 또 있을 수 있다.

질송은 그리스도교 철학자들이 이성과 철학이 사용하는 방

학적인 차원에서 철학과 그리스도교라는 두 개념이 서로서로 배격하기 때문이다. 둘째는, 신앙이 개입하는 곳에서 배타적으로 철학적인 차원에 머문다는 것이 가능하지 않기 때문이다. 이것은 철저한 합리적 설명이 가능하지 않다는 것을 의미한다. '은총이 자연을 완성한다'(gratia naturam perficit)는 것은 사실이다. 그러나 한 철학자에게, 그가 철학자인 한, 이 기초들 위에서 논의를 구성하라고 요구할 수는 없다. 그러나 만일 우리가 배타적으로 철학적인 영역에 머물고자 한다면, 그 문제는 다음과 같은 엄격한 용어들로 착수되어야 한다: 즉 신학이란 존재하지 않고 철학도 존재하지 않으며, 다만 동시에 철학자이면서 신학자들일 수 있는(또는 토마스 아퀴나스처럼 신학자인 한에서 철학자인) 사람들이 있을 뿐이다. 그들의 철학은 하나의 그리스도교 철학이다. 특히 내가 보기에는 이것이 '지성이 인식하는 것이 아니라 인간이 인식한다'(non intellectus intelligi, sed homo intelligit)고 말하는 토마스의 진정한 입장이다. 만일 철학을 하는 어떤 그리스도인이 있다면, 그리스도교 철학자가 있는 것이고, 필연적으로 그의 철학은 그리스도교 철학일 것이다. 모름지기 이 모든 것이 명백하고, 적어도 나에게는 진리인 것으로 보인다"[Gilson, "Autoritratto di un filosofo cristiano", *Studi Cattolici* 105(1971), 486-487].

법과 원리들의 고유한 자율성을 인정하면서도, 초자연적 은총인 신앙의 비추임을 받게 될 때 한층 더 고양된 처지에서 인간과 우주를 해명할 수 있다고 강조한다. 그 증거는 근대와 오늘날에 이르기까지 사상과 문화 전반에 심층적으로 미치고 있는 그리스도교와 스콜라학의 부인할 수 없는 영향이다.

따라서 세속 철학자들은 물론 심지어는 상당수의 신스콜라학자들 사이에서도 발견되는, 신앙과 이성을 근본적으로 분리시키려는 합리주의적 태도는 그들이 표방하고 있는 대로 인간의 이성을 고취시키고 인간을 해방시키기는커녕, 오히려 현대의 심각한 온갖 해악들과 병폐들을 초래한 치명적인 오류였다.

이성과 초자연적 이성인 신앙, 그리고 철학과 신학은 서로 환원될 수 없도록 형상적으로 구별되는 인식 능력이고 학문들임에 틀림없다. 하지만 그것들이 한 구체적인 사상가의 실존 속에 자리 잡게 될 때, 서로 대립하고 배척하는 것이 아니라, 상보적인 협력을 통해 상승하게 된다. 신앙은 이성에게서 값진 해명의 도구를 발견하고 이성은 신앙의 비추임을 통해 최상의 상태로 고양되어 혼자만의 힘으로는 볼 수 없었던 진리들을 꿰뚫어 볼 수 있게 된다.[99] 이에 대해 질송은 성 토마스의 비유를 따라 이성이라는 물이 신앙이라는 포도주와 결합될 때 포도주 속으로 흡수된다고 표현한다.

질송이 '그리스도교 철학'이라는 용어를 사용하는 것은 단지

---

99. 최근에 발표된 요한 바오로 2세의 회칙 『신앙과 이성』은 다음과 같은 "머리말"로 회칙을 시작하고 있다: "신앙과 이성은 인간 정신이 진리를 바라보려고 날아오르는 두 날개와 같습니다. 하느님께서는 인간의 마음속에 진리, 곧 당신 자신을 알고자 하는 열망을 심어 놓으셨습니다. 그래서 남녀 모든 인간이 하느님을 알고 사랑함으로써 또한 자기 자신에 관한 충만한 진리에 이르게 될 것입니다"(요한 바오로 2세, 『신앙과 이성』, 이재룡 옮김, 한국천주교중앙협의회, 1999, 7쪽).

한 그리스도인과 그의 철학이 그 안에서 발견되게 되는 실행의 '조건'과 '상태'(즉 신앙과 신학의 '내부')를 가리키기 위한 것만이 아니라, 또한 철학의 자율성과 형상적 특수성을 조금도 훼손시키지 않은 채 신앙과 철학적 이성 사이에 설정되는 내밀한 관계를 가리키기 위한 것이기도 하다. 자신의 신앙과 신학으로부터 영감을 얻어 철학을 하는 그리스도인의 철학은 그 정체성과 기능을 상실함이 없이 그 종적 형상성에 따라 실현될 수 있고 충만히 그 자신일 수 있다. 왜냐하면 인간의 자연적 질서에도 속하고 토마스 아퀴나스가 '계시 가능한'(revelabilia) 것이라고 부른 합리적 내용들(당연히 계시되지 않았을 수도 있지만 사실상 계시된 지식)을 주제화하기 때문이다.[100] 왜냐하면 단적으로 합리적인 내용들은 계시의 분위기 속에서 철학과 그의 탐구에 '전달'되기 때문이다. 철학적 탐구는 신앙과 외부적 관계, 즉 인접해 있거나 부정적으로는 외부에서 규제하는 외부적 관계만을 맺는 것이 아니라, 합리적이고 자연적인 질서의 내면으로부터 주제적으로 풍요화하는 내면적 관계도 맺고 있다.

질송은 사실상 철학이 바로 그리스도교라는 맥락 속에서 아직까지 능가되지 않은 절정들에 도달하였으며, 이것은 그리스도교적 지혜와 철학 사이의 은혜로운 영향이 있는 한, 미래의 성공에 대해서도 예상할 수 있는 일이라고 말하는 것으로 만족하는 것 같다.(*)

---

100. Gilson, *Elements of Christian Philosophy*, pp.34-35.

| 참고문헌 |

1. 질송의 주요 저술들(1951년 이후/ 출간 연도순)

Wisdom and Love in Saint Thomas Aquinas (The Aquinas Lecture-16), Milwaukee, Marquette Univercity Press, 1951, pp.55.(*본서의 제1강)

Le metamorphoses de la cite de Dieu, Paris, 1952: Tr. Engl.: *The Metamorphoses of the City of God*, Washington, Catholic Univercity of America Press, 2020.

Thomas Aquinas and Our Colleagues, Princeton, The Aquinas Foundation, 1953, pp.26. (*본서의 제3강)

The Church Speaks to the Modern World. The Social Teaching of Pope Leo XIII, New York, 1954.

The History of Christian Philosophy in the Middle Ages, New York, 1955.

Painting and Reality (Mellon Lecture), Washington, CUA, 1956

A Gilson Reader: Selections from the Writings of Etienne Gilson, ed. Anton C. Pegis, Garden City(NY), Image Books, 1957.

Elements of Christian Philosophy, New York, 1960.

Le philosophe et la theologie, Paris, 1960: tr. Engl. *The Philosopher and Theology*, New York, Random House, 1962.

Introduction aux arts du beau, Paris, 1963.

The Spirit of Thomism, New York, Harper and Row,1964.

"Trois lecons sur le thomisme et sa situation presente", in *Seminarium* 15(1965), 682-737 = *Les tribulations de Sophie*, Paris, Vrin,

1967: tr. Engl.: *The Tribulations of Sophia*, South Bend(IN) St. Augustine's Press, 2021.

Liguistique et philosophie. Essai sur les constants philosophiques du language, Paris, Vrin, 1969.

"Autoritratto di un filosofo cristiano", *Studi Cattolici* 105(1971), 483-487.

D'Aristote a Darwin et retour, Paris, Vrin, 1971; Tr. Engl.: *From Aristotle to Darwin and Back Again: A Journey in Final Causality, Species, and Evolution*, San Francisco, Ignatius, 1984.

L'atheisme difficile, Paris, Vrin, 1979.

Constantes philosophiques de l'etre, Paris, Vrin, 1983.

Lettres de monsieur Etienne Gilson au pere de Lubac, Paris, Cerf, 1986.

E. Gilson-J. Maritain, Correspondence 1923-1971. Deux approches de l'etre, a cure di G. Prevost, Paris, Vrin, 1991.

Christian Philosophy. An Introduction, tr. Armand Maurer, Toronto, PIMS, 1993.

Caro Collega ed amico. Lettere di Etienne Gilson ad Augusto Del Noce, a cura di M. Borghesi, Siena, Cantagalli, 2008.

2. 질송에 관한 몇몇 연구물들(알파벳순)

AA.VV., *Etienne Gilson filosofo cristiano*, in *Doctor Communis* 38(1985).

AA.VV., *Etienne Gilson, philosophe de la chretiente*, Paris, Cerf, 1949.

AA.VV., *Gilson et nous: la philosophie et son histoire*, Paris, Vrin, 1982.

Bloomer, M., *Judeo-christian Revelation as a Source of Philosophical Reflection according to Etienne Gilson*, Roma, Apollinaire Studi, 2001.

Bonino, S. T.(ed.), *Autour d'Etienne Gilson: Etudes et documents, in Revue thomiste* 3(1994).

Cardal, Roman, "Il pensiero di Etienne Gilson: Approccio teoretico", in *Divus Thomas* 17/2(1997), 9-26.

D'Acunto, Giuseppe, *Tomismo esistenziale: Fabro, Gilson, Maritain*, Morolo(FR), IF Press, 2011.

Di Ceglie, Roberto, *Etienne Gilson. Filosofia e rivelazione*, Napoli-Roma, Edizioni Scientifiche Italiane, 2004.

Diodato, A., "Tra esse e deissi: Note per una conferma linguistica dell'ontologia gilsoniana", *Rivista di filosofia neoscolastica* 42(1986), 3-33.

Echauri, R., *El pensamiento de Etienne Gilson*, Pamplona, Ed. Univ. de Navarra, 1980.

Facco, Maria-Luisa, *Etienne Gilson: Storia e metafisica*, L'Aquila, Japadre, 1992.

Ghiotto, L., *Metafisica e gnoseologia in E. Gilson*, Genova, tesi di laurea, 1979.

Gouhier, Henri, *Etienne Gilson. Trois Essais: Bergson. La philosophie chretienne. L'art*, Paris, Vrin, 1993.

Grosso, M., *Alla ricerca della verita. La filosofia cristiana in E. Gilson e J. Maritain*, Roma, Citta Nuova, 2006.

La Cruz C. De, *La problematique de l'etre et de Dieu selon Eti-*

enne Gilson, Roma, P. U. Urbaniana, 1995.

Livi, Antonio, *E. Gilson: Filosofia cristiana e idea del limite critico*, Pamplona, Univ. de Navarra, 1970.

Livi, Antonio, *Il problema della filosofia cristiana: Blondel, Brehier, Gilson, Maritain*, Bologna, Patron, 1974.

Livi, Antonio, *Il punto di partenza della filosofia secondo Gilson*, Roma, Dissert., P. U. Lateranense, 1960.

Maurer, Armand, CSB, "Etienne Gilson(1884-1978)", in E. Coreth-W. M. Neidl-G. Pfligersdorffer(eds.), *Christliche Philosophie im Katholischen Denken des 19. und 20. Jahrhunderts*, Graz-Wien-Koeln, Verlag Styria, 1987, vol.II, 519-545.

McGrath, Margareth, *Etienne Gilson. A Bibliography*, Toronto, Pontifical Institute of Mediaeval Studies, 1982.

Mondin, Battista, *La conoscenza dell'essere in Fabro e Gilson*, Roma, P. U. Urbaniana, 1997.

Murphy, F. Aran, *Art and Intellect in the Philosophy of Etienne Gilson*, Columbia-London, Columbia University of Missouri Press, 2004.

O'Brien, Thomas, OP, *Metaphysics and the Existence of God: A Reflexion on the Question of God's Existence in Contemporary Thomistic Metaphysics*, Washington, The Thomist Press, 1960.

O'Neil, C. J.(ed.), *An Etienne Gilson Tribute* (presented by North American Students with a Response by Etienne Gilson), Milwaukee, Marquette Univercity Press, 1959.

Pagliacci, Donatella, *Sapienza e amore in Etienne Gilson*, Roma, Aracne, 2011.

Pavan, C., *Existencia, razon y moral en Etienne Gilson*, Caracas, Universidad Central de Venezuela, 2000.

Quinn, J. M., *The Thomism of Etienne Gilson. A Critical Study*, Villanova, Villa Nova Univ. Press, 1971.

Roviglio, Andrea, "Gilson e Fabro: Appunti per un confronto", in *Divus Thomas* 17/2(1997), 59-76.

Scelsi, Paolo, "Conoscenza dell'essere e linguaggio secondo Etienne Gilson", in *Divus Thomas* 17/2(1997), 27-58.

Serpa, R., *Etienne Gilson: Storico della filosofia cristiana e revisore del tomismo*, Cosenza, Santelli, 1995.

Shook, Lawrence, CSB, *Etienne Gilson*, Toronto, Pontifical Institute of Mediaeval Studies, 1984.

Toso, Mario, *Fede, ragione e civilta. Saggio su Etienne Gilson*, Roma, LAS, 1986.

Toso, Mario, "Etienne Gilson e la filosofia realista di san Tommaso", *Salesianum* 44(1983), 533-573, 645-681.

Zenone, Giovanni, *Maritain, Gilson e il senso comune*, Brescia, Cavinato, 2005.

3. 질송의 주요작품 및 연구물 번역 현황

질송, 에티엔, 『토미스트 실재론과 인식비판』, 이재룡 옮김, 서광사, 1994.

질송, 에티엔, 『아우구스티누스 사상의 이해』, 김태규 옮김, 성균관대학교출판부, 2010.

질송, 에티엔, 『존재와 사유』(*The Unity of Philosophical Experience*, New York, Scribner's, 1937), 박영도 옮김, 이문출판사, 1985.

질송, 에티엔, 『중세철학』, 이효상 옮김, 동아출판사, 1968.
질송, 에티엔, 『철학과 신』, 김규영 옮김, 성바오로출판사, 1966.
질송, 에티엔, 『중세철학 입문』(*Reason and Revelation in the Middle Ages*, New York, 1966), 강영계 옮김, 서광사, 1983.
질송, 에티엔, 『중세철학사』, 김기찬 옮김, 현대지성사, 1997.
질송, 에티엔, 『존재란 무엇인가: 존재론의 쟁점과 그 전개과정』 (*Being and Some Philosophers*, Toronto, PIMS, 1949), 정은해 옮김, 서광사, 1992.
질송, 에티엔, 「존재자와 존재」(이재룡 옮김: '다시읽기1'), 『중세철학』 27(2021) 279-341쪽.
질송, 에티엔, 「인식과 존재」(이재룡 옮김: '다시읽기2'), 『중세철학』 28(2022), 근간.
질송, 에티엔, 『토미즘. 성 토마스 철학 입문』, 한국성토마스연구소, 근간.
마우러, 아먼드, CSB, 「질송: 그리스도교 철학자」(이재룡 옮김), 『신학과 사상』 55(2006/봄), 265-302쪽.
브레직, 빅터, 「마리탱과 질송: 살아 있는 토미즘」(이재룡 옮김), 『신학과 사상』 45(2003/가을), 284-308쪽.
김정국, 「질송의 방법론: 방법적 실재론과 역사적 방법론」, 『가톨릭철학』 12(2009), 67-100쪽.

| 인명 색인 |

굴리엘모 토코(Guglielmo Tocco) 116
다비드 드 디낭(David de Dinant) 120
단테(Dante Alighieri) 68
대 그레고리오 교황(Gregorius, PP) 26
데카르트(Rene Descartes) 11, 31, 59, 61, 66
로이스(Josiah Royce) 73
로저 베이컨(Roger Bacon) 05
로크(John Locke) 72, 73
마르타(Martha) 40
마리아(Maria) 40
바오로, 사도(St. Paulus) 40
반 아케렌(F van Ackeren, SJ) 107
베르그송(Henri Bergson) 11, 55, 56. 98
베르길리우스(Vergilius) 68, 75
셰익스피어(William Shakespeare) 63
소크라테스(Socrates) 32, 64
소피스트(Sophistes) 22, 42
슈뉘(Marie-Dominique Chenu, OP) 19
슈만, 로베르트(Robert Schumann) 74
스코투스(Duns Scotus) 73
스트라빈스키(Igor Strabinski) 74
스피노자(Baruch Spinoza) 63
아리스토텔레스(Aristoteles) 29, 30, 31, 35, 36, 41, 42, 64, 73, 74, 77, 78, 80, 84,
    86, 87, 88, 92, 93, 97, 101, 102, 124, 127
아우구스티누스(Augustinus) 31, 41, 42, 47, 48, 57, 58, 114, 127, 130
알베르투스 마뉴스(Albertus Magnus) 99
올리버 홈즈(Oliver W. Holmes) 117
요한 살리스베리(Johannes Salisbury) 115, 116

칸트(Immanuel Kant) 73, 102
키케로(Cicero) 66
페지스(Anton Pegis) 21
플라톤(Plato) 64, 77
피타고라스(Pytagoras) 40
헉슬리, 토마스(Thomas Huxley) 123
헤겔(Georg W. Hegel) 66, 67
화이트헤드(Alfred Whitehead) 42, 43

| 사항 색인 |

13세기(thirteenth century) 60, 73, 83, 96, 100, 105
13세기에 '철학자'라는 단어의 최초의 의미는 '이교도'였다. 100
13세기에 철학은 실제로 신학에 이르는 현관(praeambula)이었다 104
가난과 낯선 땅(poverty and a foreign land) 115
가르친다는 것은 행동하는(agere) 것인 데 반해, 철학을 하는 것은 관상하는(contemplare) 것이다 55
가르침(teaching) 113
가르침은 평온함 가운데 있어야 한다(doctrina debet esse in tranquillitate) 43, 44
가장 안전한 독법(the safest readings) 69
가지적 빛(intelligible light) 28
갈망(desiderium) 28, 29, 32, 39, 127, 128, 129, 130
갈망의 조절 128
감각 지각(sens perception) 33, 91
감각(sensatio) 81
개연성(probabilitas) 69
거짓(falsitas) 46
걸림돌(scandalum) 100
게으른 몽상가(ineffectual dreamers) 87
게으름(pigritia) 31
견습(apprenticeship) 80
견해(opinio) 87
결론(conclusiones) 62
결코 세상 돌아가는 일(factis saecularium)이나 그런 담화에 끼어들지 마라 131
겸손한 정신과 진리추구에서의 열성(a humble mind and eagerness in seeking truth) 115
겸손한 진리 탐구 47
경건한 여가(otium sanctum) 114
경청(敬聽, auditio) 116

계급(Class) 94
계시(啓示, revelatio) 102
고독한 시간에 자기 자신의 평온한 명상 속에서 자기 자신에게 말하고 있을 때, 그는 비로소 철학자이다 56
고집불통(straight cussedness) 31
곤혹스런 문제(puzzling problem) 56
공기(aer) 35
공동 스승(common master) 23
공동선(公同善, bonum commune) 86
공부(studium) 25, 113
「공부하기 전 기도」(Ante Studium) 118
과학(science) 62
과학자(scientist) 34, 62
과학적 객관성 및 정교함 75
관념(idea) 44
관상(觀想, contemplatio) 25, 26, 27, 40, 123, 124
관상생활(vita contemplativa) 26
관상한 것을 남들에게 전하라(contemplata aliis tradere) 55
교만(superbia) 31
교사(magister, teacher) 58
『교사론』(De magistro) 57
교수(professor) 27
교육(educatio) 55
교육학적 방법(methodus educationis) 62
교재(textbooks) 21, 74
교조적(dogmatica) 67
구원(久遠)의 철학(philosophia perennis) 78
구전적(俱全的, integralis) 37, 94
구체적(concretum) 103
궁극적 목적(finis ultimus) 25-26, 48

색인 **187**

권한(potestas) 34
궤변가(詭辯家, sophistes) 42
그 누구도 자기 자신의 정신을 통해서가 아니라면 아무것도 알 수 없다 58
그 누구와도 친밀한 관계(familiaritas)를 맺지 마라. 그것은 경멸을 낳기 쉽고, 또 연구에 방해가 된다 131
그는 자신이 독서에서 파악한 것을 언제나 마음속 깊이 새겼다 116
그릇을 채우듯 '정신의 서가'(armariolo mentis)에 할 수 있는 한 많은 것들을 정리해 두어라 132
그의 방대한 지성적 성취는 자연 질서를 벗어나는 것으로, 거의 기적에 가깝다 119
'그 철학자'(Philosophus) 80, 85
기관(機關, facultas) 23
기도(oratio) 114, 118, 119, 131
기도(oratio)에 중단없이 전념하라 131
기쁨(laetitia) 130
기예(技藝, ars) 27
기적(miraculum) 119
기질(temper) 43
끝장난 문제(dead question) 37
나의 영적인 아버지이자 안내자(my spiritual father and my guide) 83
나이(aetas) 91
남의 일(factis aliorum)에는 깊이 끼어들지 마라 131
네 평생을 두고 만군의 주님의 포도밭에서 유익한 결실들을 내도록 힘써야 한다 132
네 힘에 겨운(altiora) 문제들에는 관심을 기울이지 마라 45, 132
노년(senectus) 96, 102
노후(senium) 96
논리학(logica) 99
논박(refutation) 44
논적(adversary) 44, 119, 120
눈(oculus) 23, 30

『니코마코스 윤리학 주해』(In Ethic.) 90
『니코마코스 윤리학』(Ethica Nic.) 84, 93
단순히 철학을 배우는 것이 아니라, 실제로 철학자가 되는 것, 바로 이것이 문제이다 63
대담하게 즉시 바다로 나가려 들지 말고, 오히려 실개천을 통해 이르려고 해야 한다 131
『대이교도대전』(Summa contra Gentiles) 121, 122
대학(university) 21
더디 말해야(tardiloquum) 한다 131
덕 (virtus) 24, 26, 27, 29, 31, 32, 127, 128
도덕성(moralitas) 23, 89, 105
도덕적 덕(virtus moralis) 24
도덕적 성숙(moral maturity) 89, 90, 103
도덕적 습성(habitus moralis) 27
도덕적 조건(moral condition) 53
독서(lectura) 117
독서실에 수집되어 있는 것들[현인들의 저술들]을 사랑하라 131
동료(companion) 68
동의(assensus) 34
동일률(principle of identity) 37
두려움(timor) 98
두-줄거리 지성(two-storey intellect) 117-118
라틴어(lingua latina) 75
러시아(Russia) 64
만일 어떤 철학 안에 어떤 근본적 관념이 있다면, 그것은 존재자(存在者, ens) 관념이다 71
만일 지혜가 당신 자신의 지혜여야 한다면, 그때 그것의 추구는 당신 자신의 추구여야 한다 57
말하는 이가 누구든 개의치 말고, 들은 바(audita) 좋은 내용을 마음속에 새겨 두어라 44, 132

면학성(studiositas) 128
명령권(imperium) 34
명상(meditatio) 117
명제(sententia) 28
모든 학문은 선하고, 단지 선할 뿐만 아니라, 존경할 만하기까지 하다 126
모순율(principle of contradiction) 37
목적(finis) 25
목적인(causa finalis) 29, 33, 35
몬테카시노(Montecassino) 113
무류적(無謬的, infallibile) 35
무분별한 본문 독서 67
무엇보다 할 일없이 배회(discursus)하지 마라 132
무지(ignorantia)
문제들(quaestiones) 62
물(aqua) 35
물리학(physica) 62, 67
미신(superstitio) 125
민주사회(democratic society) 85
박쥐의 눈(eyes of a bat) 38
방법론(methodus) 56
배신(背信, betrayal) 38
배움(learning) 21, 113-114, 115, 117, 119, 122, 123, 124, 125, 126, 128, 129
배움의 길(way of learning) 125
배움의 길은 인간의 궁극적 행복인 하느님 인식을 향해 정향되어야 한다 125
배움의 삶 114, 115, 118, 119, 122, 124, 125, 129
배움의 삶을 위한 지침 115
배움이 사람을 우쭐대게 만드는 일이 그토록 자주 일어난다 117
'벙어리 황소'(bos mutuus, dumb ox) 46, 116
변질된 신학(adulterated theology) 108
변질된 철학(adulterated philosophy) 108

보물(thesaurus) 130
보존(conservatio) 36
본성(natura) 29
부재(absentia) 30
부패 85
분노(ira) 88
불(ignis) 35
불가지론(agnosticism) 125
비교(comparatio) 118
사람들은 한걸음 한걸음씩 그리고 수많은 오류들을 연속적으로 극복하며 진리를 향해 전진해 왔다 35
사랑(amor) 21, 22, 23, 28, 33, 35, 37, 39, 40, 41, 42, 54, 84, 115, 119, 121, 124
사변(speculatio) 89
사변적 습성(habitus speculativus) 27, 32
사변적 지식(scientia speculativa) 23
사변적 학문(speculative science) 86
사실(factum) 87
사실들(facti) 38
사실상(de facto) 34, 38
사제(司祭, priests) 100
사춘기(adolescentia) 96
삶의 길(way of life) 21
삶의 방식(manner of life) 21
삼위일체의 신비(mysterium Trinitatis) 47
상상 (imaginatio) 91
새로운 철학(philosophia nova) 73, 74
생리학(physiologia) 62
생리학적 성숙(maturitas phisiologica) 92
생성(fieri) 55
선(bonum) 29

선택(electio) 30
성 토마스 아퀴나스가 철학적 문제들에 대한 자신의 논의에서 실제로 따랐던 방법 19
성 토마스는 진리에 대한 절대적 존중심을 품은, 철저히 알려는 의지의 모범이다 40
성 토마스에게 지혜는 그리스도였다 39
성 토마스에게도 배움이 여전히 진리 획득에 이르는 소로이기는 하지만, 그 소로의 끝은 [지식이 아니라] 지혜이다 122
성경(Bible) 108
성성(聖性, sanctitas) 114
성인(聖人)들과 훌륭한 사람들의 모범을 본받는 일(sanctorum et bonorum imitari vestigia)을 건너뛰지 마라 132
『성 토마스 연구 입문』(Introduction a l'etude de Saint Thomas d'Aquin) 19
『세상 영원성론』(De aetern. mundi) 121
『순수이성비판』(Kritik der reinen Vernunft) 102
세상(mundus) 127
세상이라고 부르는 물질 덩어리 127
세-줄거리 지성(three-storey intellect) 117-118
소명(vocatio) 63
수(numerum) 35
수단(means) 25
수도자(religiosus) 100
수사본(manuscripts) 69
수학(mathematica) 21, 62
수학자(mathematicus) 90
수험생 22
순명(obedientia) 116
순수 현실(actus purus) 103
쉬운 것에서부터 시작해서 어려운 것으로 나아가야 한다 131
스승 40, 47, 61, 64, 65, 68, 70, 75, 77, 80, 100, 104

스승과 제자 사이에는 일종의 영적 유사성이 요구된다 64
스콜라학(Scholasticism) 106
스콜라학의 황금기 106, 107
습성(habitus) 21, 32
신 존재 증명(demonstration of the existence of God) 106
신앙(fides) 107
신앙(fides) 27, 34, 106, 107, 108
신앙조목(articulum fidei) 102
신적인 토마스 아퀴나스의 정신에 따라(ad mentem Divi Thomae Aquinatis) 68
신적인 학문(scientia divina)
『신학대전』(Summa Theologiae) 40, 106, 107, 108, 113, 120
신학 방법(theological methode) 19
신학(theologia) 19, 22, 39, 40, 100, 101, 105, 106, 107, 108, 109
신학(theologia) 22, 40
신학도(clerics) 100
신학자(theologian) 22
실재(實在, reality) 71
실재적 합성(compositio realis) 37
실재적(realis) 24
실제로 모든 위대한 철학자들이 형이상학을 집필한 다음에 윤리학을 집필하는 까닭은 무엇인가? 102
『실천이성비판』(Kritik der praktischen Vernunft) 103
실천적 지혜(sapientia practica) 109
실천적 학문(practical science) 86
실체(實體, substantia) 37
실험실(laboratorium) 123
심리학(Psychologia) 56
심리학적 탐구(psychological study) 19
아리스토텔레스주의자들(Aristotelians) 41, 42
아메리카(Anerica) 64

아베로에스주의자(Averroista) 121
아우구스티누스주의자들(Augustinians) 33, 42
악습(vitium) 24
안내자(guide) 19
안내자(guide) 68
알래스카 (Alaska) 64
양심의 순수성(conscientiae puritas)을 언제나 소중히 여겨라 131
어떤 방식으로 연구해야 학문의 보화들을 얻을 수 있는가? 131
언쟁(rixa) 98
역사(history) 19
역사(hystoria) 19, 62, 68, 69, 72
역사가(hystoricus) 62, 69, 70, 72
역사에 힘입어 모든 위대한 철학자들은 살아 있다 76
역사적 성찰(reflectio historica) 109
연구(studium) 89
『연구 방법에 대한 권고서한』 131
연루되는 (engaged) 86
열정(passions) 87
영감(inspiratio) 31
영광(gloria) 109
영상들의 뒤섞임(phantasmatum permixtio) 46
영웅주의(heroism) 125
영적 유사성(spiritual affinity) 64
영적인 탄생에서는 모든 것이 다 오래고도 새롭다(nova et vetera) 80
예술 비평가(art critics) 98
예술가(artista) 98
오류(error) 35, 43, 44, 66, 72, 120, 121, 125
오류목록(syllabus) 35
오직 진정한 철학 스승만이 있을 뿐인데, 그들은 위대한 철학자들이다 75
온당함(reasonableness) 45

올바른 사용(right use) 27
『원인론 주해』(In De causis) 95
완고함(stubbornness) 31
완성(perfectio)
요청(postulatum) 34
욕구(appetitus) 29
욕망(concupiscentia) 88
우리 시대의 문제들 19
우리가 학생들에게 가르쳐야 하는 것은 철학이 아니라, 철학에 이르는 길이다 75
우리의 새로운 과제는 학생들로 하여금 우리 자신보다 더 위대한 스승으로부터 배우도록 가르치는 것이다 75
우리의 스승이자 동료이며 안내자인 토마스 아퀴나스보다 더 큰 활력의 표지들을 보여주는 사람은 없다 77
우유(偶有, accidens) 37
우유적 성질(qualitas accidentalis) 33
우정(amicitia) 65
원리들(principles) 20
원자(atom) 35
원천(fons) 79
유순함(docilitas) 34
윤리 교육 88
윤리학(ethica) 56, 65, 86, 87, 88, 89, 90, 94, 95, 96, 98, 101, 103, 104, 105, 106,
은총(gratia) 107
음악(musica) 74
의당히(de jure) 34
『의식의 직접적 소여에 관한 시론』(Essai sur les donnes immediates de la conscience) 55
의심스러운 일들(dubiis)에 대해서는 확실히 해두어라(certtifica) 45, 132
의지(voluntas) 23, 29, 30, 31, 32, 33
의지의 승인(consensus voluntatis) 34

이 소년들은 그들이 입으로 말하는 것을 그들의 정신 속에 가지고 있지 않다
 (non attingunt mente, licet dicant ore) 93
이교도(gentiles) 100
이데아(idea) 35
이성(reason) 88, 102, 103, 106, 107
이성적 본성(rational nature) 25
이성적 존재자(ens rationale) 26
이해(intellectus) 24
인간의 이성적 탐구는 대부분 거짓과 뒤섞여 있다 46
인간이 참행복에 이르는 것은 하느님을 앎으로써이다 29
인간이 참행복을 향해 나아가는 길을 발견하도록 도와주는 학문으로서의 지혜 22
인간이 추구하는 모든 것 가운데 가장 완전하고 숭고하며, 가장 유익하면서도 즐거운 것은 지혜 추구이다 129
『인간지성론』(*Essay on Human Ubderstanding*) 73
인문학의 교과과정에서 철학의 위치는 어디인가? 84
인식(cognitio) 23, 24, 30, 116, 117, 125, 126, 127
인식론적 원리(epistemological principles) 19
인식하는 것은 지성이 아니라 그의 지성을 통한 그 사람 자신이다 23
인종(Race) 94
일반화(generalizatio) 118
읽고 듣는 내용을 이해하도록(intelligere) 힘써라 45, 132
자립하는 철학이라는 신기루(mirage of a self-subsisting philosophy) 79
자만(praesumptio) 46
자명한(evidens) 35
자발성(spontaneity) 28
자연 신학(theologia naturalis)
자연(natura) 107
자연이 은총에 의해 활성화된다고 해서 잃을 것이 없었던 것 이상으로, 철학이 신학 속에 받아들여진다고 해서 잃을 것은 아무것도 없다 107

자연적 이성(natural reason) 102
자연학(physica) 91)
자연학자(physicus) 90
자유(Liberty) 94
작곡가(composer) 74
작용(operatio) 24
작용인(causa efficiens) 35
저 절대적이고 열정적인 정치적 확신들에 적합한 나이는 도대체 몇 살인가? 87
저녁 늦게 대화방 같은 데를 드나들지 마라 131
적개심(inimicitas) 119, 129
적시적(in time) 80
전기(biographia) 114
전용(專用, appropriatio) 63
전투(battle) 114
절대적 지혜(absolute wisdom) 40
절대적 진리(veritas absoluta) 25
절도(節度, modestia) 47
절름발이(lame) 125
절제(temperantia) 130
젊은이(juvenis) 85, 87, 90, 91, 93, 95, 97, 101, 102, 103, 109
젊은이는 이해하지 못하고, 단지 말할 뿐이다. 93
젊은이들에게 형이상학을 가르치는 것에 대한 토마스의 반론들 가운데 하나
    는 그런 연구들이 '상상력을 넘어 강력한 지성을 요구한다'는 것이다 96
젊은이들은 지혜에 속하는 것, 곧 형이상학적인 것을 믿지 않는다(iuvenes sapi-
    entialis quidem, scilicet metaphysicalia, non credunt) 93
젊음(iuventus) 87, 89, 92. 96, 97, 98
젊음은 도덕철학에 관해 사변하는 것과는 매우 다른, 적절한 도덕적 훈련을 받
    아야 하는 시기이다 88
젊음은 사람이 열정적이어야 하는 시기이다 87
젊음의 정념들(passiones iuventus) 92

색인 **197**

정념(情念, passio) 88, 89, 92
정신(mens) 29
정신적 폭행(mental cruelty) 85
정의(iustitia) 28
정치 생활 85
정치철학(philosophica politica) 85, 86, 87, 88, 90, 93, 95
정치철학을 누구에게 가르치는 것이 좋은가? 85
정통 윤리(ethical orthodoxy) 88
제1 조건(first condition) 38
제1원리(primum principium) 22, 24, 34, 35, 37, 38, 53
제1원리들이 우리의 지성에 대해 가지는 관계는 햇빛과 박쥐의 눈 사이의 관계와 같다 38
제1원인(causa prima) 22, 53
제1진리들(veritates primae) 35, 36
제1질료(materia prima) 120
제자(disciple) 58
조명(illuminatio) 118
조숙함(praematuritas)
존재 현실(actus essendi) 71
존재(esse) 24, 36, 37, 38, 53, 55, 71, 78, 106
존재를 가지고 있는(habens esse) 38, 78
존재자(ens) 36, 65, 71, 78
존재자는 인간 지성이 가장 먼저 만나게 되는 것이다 36
『존재자와 본질』(De ente et essentia) 99
종교 교육 88, 103
종교(religio) 101, 103
종교개혁자(Reformator) 108
주의(attentio) 30
주지주의(intellectualism) 23
증거(evidences) 20, 33, 74

지도(mappa) 60
지름길(short road) 75, 78, 106, 108
『지성단일성』(De unit. intell.) 121
지성 생활의 심리학(psychology of intellectual life) 20
지성(intellectus) 23, 24, 28, 29, 31, 33, 34, 35, 36, 46, 57, 58, 78, 79, 91, 102, 108, 117, 118, 119, 121, 123, 124
지성적 덕(virtus intellectualis) 24
지성적 생활(intellectual life) 19, 20, 23
지성적 습성(habitus intellectualis) 27
지성적 실체(substantia intellectualis)
지성적 인식으로서의 배움(learning as intellectual cognition) 126
지성적 진보(intellectual progress) 97, 119, 124-125
지성체(intelligentia) 35
지식(knowledges) 21, 24, 33, 123, 124, 125, 126, 127, 128, 129
지식이란 음식과 같아서 그 욕구에 대한 절제도 못지않게 필요하다네
    (Kowledge is as food and needs no less / Her temperance over appetite) 128
지식인 62
지적 성숙(intellectual maturity) 88, 89, 90
지적 성숙(maturitas intellectualis) 89
'지혜는 사람들에게 한량없는 보물, 지혜를 사랑하는 이들은 하느님의 벗이 된다'(지혜 7,14) 130
지혜 사랑(philosophia) 21, 33, 39, 40, 53, 54, 83. 84
지혜 추구(pursuit of wisdom) 21, 53, 57, 115, 130
지혜 추구가 숭고한 이유는 인간이야말로 지혜를 추구함으로써 무엇보다도 '지혜로 모든 것을 지어내신' 하느님의 유사성에 다가가기 때문이다 130
지혜 추구에 온전히 헌신하는 삶 21
지혜 탐구 47, 129, 130
지혜(sapientia) 19, 22, 24, 33, 39, 40, 53, 63, 70, 76, 77, 78, 79, 121, 122, 125, 126, 127, 129, 130
지혜는 제1원리들과 제1원인들에 대한 지식이다 53

'지혜를 사랑하는 자' 40
지혜에 이르는 올바른 길 53
지혜에 투신하는 삶 54
직업(occupation) 57
진리 고찰(deliberatio veritatis) 24
진리 사랑 41, 42
진리 인식 116, 127
진리 인식은 참으로 인간의 선이다 127
진리 탐구 47, 115, 116, 119, 120, 129
진리(veritas) 23, 24, 25, 28, 29, 32, 35, 36, 43, 47, 57, 63, 66, 69, 73, 78, 79, 83, 114, 115, 116, 119, 120, 121, 122, 123, 125, 126, 129
진리들(truths)은 많지만, 진정한 진리(Truth)는 없다 123
진리를 사랑하는 자(philosophans) 100, 119
진리를 이해한다는 것은 그 자체로 누구에게나 사랑할 만한 일이다(intelligere veritatem cuilibet esr secundum se amabile) 115
진리를 좇는 이들은 앞선 이들이 발견한 것들에 덧붙여 어떤 것을 더 발견한다 48
진리를 추구하는 테세가, 알지 못하는 것들을 알고 있다고 자만하는 것보다 더 안전하다 47
진리성(truth) 20
진리에 대한 무조건적인 존중 44
진리에 대한 참사랑(caritas veritatis) 114
진리의 감미로움(veritatis suavitas) 114
진리의 쾌락(veritatis delectatio) 114
진정한 철학자는 하느님을 사랑하는 이(amator Dei)이다 130
진정한 토마스주의자는 사랑하기 때문에 아는 사람이다 23
질문들문제들(quaestions) 21
질서(ordo) 107
집중력 25
집중력(concentration) 29
집필의 노고(labor of writing) 114

참된 스승 75
참된 철학자는 오직 지혜를 그 자체 때문에 사랑하는 사람이다 40
참사랑(caritas) 107, 114
참행복(beatitudo) 22, 29, 129
창조적 토미즘(Creative Thomism) 20
『천지론 주해』(In De cael. et mundi) 120
천사(angelus) 119
천사적 박사(Doctor Angelicus) 70
천재(genius) 74
천품(genius) 35
철학 교수(professor in philosophia) 54, 56, 58, 72, 73, 75, 76, 77, 92
철학 교육 58, 67, 76, 104
철학 교육의 궁극적 목적은 철학자들을 양성하는 것이다 76
철학 시험 21
철학 입문(introduction to Philosophy) 56
철학(philosophia) 19, 20, 21, 42, 43, 53, 54, 54, 58, 59, 60, 62, 63, 64, 65, 67, 68, 72, 73, 75, 76, 77, 78, 79, 80, 84, 89, 94, 99, 100, 101, 102, 103, 104, 107, 108, 109
철학개요(Compendium philosophiae) 59
철학과 지혜의 관계는 육체와 영혼의 관계와 같다 63
철학과목(disciplina philosophica) 59
철학대전(Summa philosophiae) 59
철학도(students of philosophy) 20, 75
철학사(historia philosophiae) 64, 66, 67, 76, 77, 80, 97
철학사가(historicus philosophiae) 59, 70, 79, 98
철학사는 모든 가능한 오류들에 대한 포괄적 수집을 가르치는 것에 지나지 않는다 66
철학사는 어디에서든 안전한 철학 교육의 본질적 일부이다 76
철학사는 죽은 철학자들의 공동묘지일 수 없다 76
철학사는 철학 교육 속에 그 본질적 일부로 참여한다 66

철학에 접근하는 최선의 길은 무엇인가? 58
철학에의 접근법 58, 59, 68, 75
철학은 관념들에 관한 것이고, 관념들은 구체적 실재가 관념들로 이루어지지
 않았다는 단순한 이유 때문에 혁명적이다 94
철학은 하나의 지식이라기보다는 '지혜에 투신하는 삶'이라고 봐야 한다 54
철학의 보고(寶庫)에 이르는 지름길은 없다 75
철학의 소명(vocatio philosophiae) 75
철학의 제문제(Elementa philosophiae) 59
철학의 흐름(Cursus philosophiae) 59
철학이 시작되는 곳에서 철학 입문은 끝나야 한다 62
철학이 지닐 수 있는 유일하게 현실적인 존재(esse)는 철학자의 존재뿐이다 78
철학입문(Introduction to the Philosophy) 59, 60, 61, 62
철학자(philosopher) 20, 33, 34, 52, 54, 55, 60, 63, 64, 66, 70, 73, 74, 75, 76, 77,
 78, 79, 85, 86, 87, 92, 95, 97, 100, 101, 104, 108, 130
철학자는 '철학함'(philosophare) 이외에 다른 어떤 것도 할 수 없다 54
철학자들에 의해서 말해진 것만큼 어리석고 헛된 것은 아무것도 없다 66
철학자들의 세기(Century of Philosophers) 64
철학자의 삶은 바로 그 본성상 지혜를 추구하는 끈질긴 노력이다 53
철학자의 유일한 과업은 이해하는(comprehendere) 일이다 43
철학자의 첫째 덕목은 선량한 기질을 가지는 것이다 43
철학적 문제(philosophical problems) 19
철학적 삶 57, 60, 74, 75
철학적 삶의 시작(Initiation to the Philosophical Life) 59
철학적 순결함(philosophical purity) 41
철학적 진리에 대한 능동적이고 개인적인 전용(專用)을 성취하려는 갈망 63
철학적 회의주의 67
철학적인 삶(vita philosophica) 47
'철학하는 이'(philosophans) 100, 119
철학함(philosophare) 54, 55, 64
청춘(youth) 96

초심자(incipiens) 60, 61, 62
최고의 진리(the highest truth)
최선책(best approach) 59
최정상의 시인(altissimo poeta) 68
추론(ratiocinium) 118
추론(ratiocinium; reasoning) 28, 118
추상적(abstractum) 103
친구(amicus) 60
태세, 성향(dispositio) 25
토마스 아퀴나스가 형이상학의 조기 교육에 반대하는 주요 이유는 그 대상이 지니고 있는, 극도로 추상적인 성격 때문이다 103
토마스 아퀴나스에 따른 철학 개요(Cursus philosophiae Thomisticae) 59
토마스 아퀴나스의 인식론적 원리들의 진정한 의미를 되찾는 일 19
토마스 아퀴나스의 정신에 따라(ad mentem Thomae Aquinatis) 60
토마스는 새로우면서도 올바르게 진리가 위탁되는 몇 안 되는 철학자들 가운데 가장 위대한 철학자이다 42
토마스는 새로운 철학을 창안하였다 74
토마스는 실제로 '진리를 사랑하는 자'(philosophans)가 되려고 노력하였다 119
토마스는 언제나 사태가 어떠한지를 알려고 하였다 41
토마스는 언제나 읽고, 배우고, 가르치고, 쓰고, 기도하는 것밖에는 다른 아무 것도 할 줄 몰랐다 26
토마스주의자(Thomist) 22, 24
토미스트(Thomist) 20, 23, 26, 28, 31, 46, 68, 106
토미즘(Thomism) 20, 30, 31, 49
투표(vote) 86
파리 대학(University of Paris) 115
파타고니아(Patagonia) 64
판단(iudicium) 46, 120
판단에 있어서의 우리 지성의 나약성(debilitas intellectus nostri in iudicando) 46
평등(Equality) 94

평온한 삶과 침묵의 공부 (a life of quiet with silent study) 115
평온함(tranquillitas) 43
포도주(vinum) 108-109
표지(signs) 20
품계(gradus) 119
프로그램(programs) 20, 56, 72
피조물(creatura) 125
하느님, 신(Deus) 27, 29, 30, 47, 77, 79, 101, 103, 105, 113, 114, 117, 125, 127, 128, 130
하느님의 벗(friends of God) 130
하느님이 뭐예요?(What is God?) 113
학문(scientia) 22, 25, 29, 31, 32, 52, 121
학문이라는 거짓된 이름으로 불리는 것에 대해 우쭐거리다 121
학생들(pupils) 21
학습 방법(method of learning) 117
학습(learnings) 21---> 배움
학습생활(learning life) 26
《학업지침》(*Ratio Studiorum*) 109
학자들 가운데 가장 거룩하고 성인들 가운데 가장 박식한 학자 114
학창생활(student days) 115
한-줄거리 지성(one-storey intellect) 117-118
해결책(answers) 21
해석(interpretatio) 38
햇빛(sunlight) 38
행동(action) 86, 88
혁명적(revolutionary) 94
현관(praeambula) 104
현대 세계(modern world) 21
현대 세계의 영적 곤궁(spiritual distress) 20
현대 정신에게 배움이란 진리 획득의 소로이고, 그 소로의 끝은 지식이다 122

현명(prudentia) 27
현실, 현실태(actus)
현자(sapiens) 84, 122
현존(praesentia) 30
현학자(pedant) 88
『형이상학』(Metaphysica) 35, 36, 48
형이상학(metaphysica) 22, 36, 38, 39, 40, 56, 65, 78, 90, 91, 93, 94, 95, 96, 97, 98, 99, 101, 102, 105, 106
형이상학과 윤리학은 그 본성상 전적으로 시간을 벗어나는 문제들을 다룬다 65
형이상학은 모든 학문 가운데 가장 어려운 학문이다. 38, 39
형이상학의 조기 교육(early teaching of metaphysics)
형이상학자(metaphysician) 34, 36, 38, 90, 91, 93, 97, 101, 102, 103
형이상학적 사고는 인간의 몸이 일정한 나이 이전에는 도달하지 못하는 어떤 생리학적 성숙을 전제한다 82
형제애(Fraternity) 94
호기심(curiositas) 47, 86, 127
화학(chemica) 62
활동생활(vita activa) 26
황금 끈(golden string) 74, 77
회심(conversio) 63
회의주의자(skeptic) 46

| 엮은이 소개 |

이재룡(李在龍)

서울대교구 소속 사제이고 로마 우르바노 대학교 철학박사(1993)로서, 2011년까지 모교인 가톨릭대학교에서 중세철학, 인식론, 형이상학을 가르쳤고, 한국가톨릭철학회, 신학과사상학회, 한국중세철학회에서 회장, 총무 등으로 활동하였으며, 2016년부터 한국성토마스연구소 책임자로서, 성 토마스 아퀴나스의 방대한 걸작인『신학대전』을, 천주교조선교구설정 200주년이 되는 2031년까지 완간하기 위해 매진하고 있다.

주요 역서로는『신학대전 요약』(달 사쏘),『철학여정』(잠보니),『토미스트 실재론과 인식비판』(질송),『토마스 아퀴나스의 인식론』(잠보니),『토마스 아퀴나스 수사』(와이스헤이플),『신앙과 이성』(요한 바오로 2세),『아퀴나스의 심리철학』(케니),『쉽게 쓴 토마스 아퀴나스의 철학』(오도넬),『토마스 아퀴나스와 급진적 아리스토텔레스주의』(방 스텐베르겐),『제2차 바티칸 공의회 이후 현대 가톨릭의 위기 진단』(매키너니),『성 보나벤투라』(로비기),『신학자 토마스 아퀴나스』(오미어리),『전환기의 새로운 문화 모색』(몬딘),『스콜라철학에서의 개체화』(그라시아),『존재해석』(오웬스),『인식론의 역사』(로비기),『13세기 영혼 논쟁』(데일즈),『토마스 아퀴나스의 철학체계』(몬딘),『자유인』(몬딘),『영혼에 관한 토론문제』(토마스 아퀴나스),『성 토마스의 철학적 인간학』(로비기),『신학사2: 스콜라학 시대』(몬딘),『인간과 자연: 철학적 인간학 스케치』(로비기),『신학대전 제18권: 도덕성의 원리』,『안락의자용 토마스 아퀴나스』(레닉),『신학대전 제20권: 쾌락』,『신학대전 제22권: 습성』,『신학사4: 현대』(몬딘),『신학대전 제23권: 덕』,『성 토마스 개념사전』(몬딘),『아퀴나스의 윤리학』(포프),『신학대전 제30권: 새 법과 은총』등이 있다.